कैलाश गौतम

जनकवि के रूप में विख्यात तथा भोजपुरी के ख्यातिलब्ध बहुचर्चित कवि कैलाश गौतम का जन्म 8 जनवरी, 1944 को वाराणसी, उत्तर प्रदेश के डिग्घी, चन्दौली में हुआ। उन्होंने बी.ए. की शिक्षा बनारस हिन्दू विश्वविद्यालय से, बी.एड. गोरखपुर विश्वविद्यालय से तथा एम.ए. की शिक्षा इलाहाबाद विश्वविद्यालय से ग्रहण करने के उपरान्त आकाशवाणी में बतौर वरिष्ठ उद्घोषक, विभागीय कलाकार के रूप में 1967 से 2004 तक कार्य किया। तत्पश्चात् हिन्दुस्तानी एकेडमी के अध्यक्ष पद का कार्यभार सँभाला।

उनकी प्रमुख कृतियाँ हैं–'कविता लौट पड़ी', 'कैलाश गौतम समग्र' (सं. श्लेष गौतम) और 'पुरुवा पछुवाँ'।

उन्हें उत्तर प्रदेश सरकार के 'यश भारती सम्मान', उत्तर प्रदेश हिन्दी संस्थान के 'लोकभूषण सम्मान', 'राहुल सांकृत्यायन सम्मान', 'निराला सम्मान' व 'महादेवी सम्मान' समेत कई सम्मानों से सम्मानित किया गया।

निधन : 9 दिसम्बर, 2006

भोजपुरी
काव्य धारा

पुरुवा पछुवाँ

कैलाश गौतम

चयन एवं भूमिका

मृत्युंजय

राजकमल भोजपुरी

राजकमल पेपरबैक्स में
पहला संस्करण : 2023

राजकमल पेपरबैक्स : उत्कृष्ट साहित्य के जनसुलभ संस्करण

राजकमल प्रकाशन प्रा.लि.
1-बी, नेताजी सुभाष मार्ग, दरियागंज
नई दिल्ली-110 002
द्वारा प्रकाशित

शाखाएँ : अशोक राजपथ, साइंस कॉलेज के सामने, पटना-800 006
पहली मंजिल, दरबारी बिल्डिंग, महात्मा गांधी मार्ग, प्रयागराज-211 001
वेबसाइट : www.radhakrishnaprakashan.com
ई-मेल : info@radhakrishnaprakashan.com

बी.के. ऑफसेट
नवीन शाहदरा, दिल्ली-110 032
द्वारा मुद्रित

मूल्य : ₹199

PURUA PACHUVAN
Poems by Kailash Gautam
Selection by Mrityunjay

ISBN : 978-93-95737-87-6

चला चली कहीं बनवाँ के पार हिरना!

भोजपुरी के ख्यातिलब्ध कवि कैलाश गौतम की प्रतिनिधि चुनिंदा भोजपुरी कविताओं का यह संकलन पेश करते हुए यह दोहराना जरूरी है कि कैलाश जी की कविताओं पर भले ही आलोचकों की नजर न पड़ी हो, वे जन-गण-मन की गहरी दोस्त हैं। 'अमवसा क मेला' और 'बाबू आन्हर माई आन्हर' जैसी उनकी कविताएँ भोजपुरी अवाम की जुबान पर हैं।

कैलाश जी की कविताई के केन्द्र में वह भोजपुरिया आदमी है जो धार्मिक है, साम्प्रदायिक नहीं, मेहनती है, पर मेहनत को लूटने वालों से डरता है, थाना-पुलिस-कचहरी से डरता है, कुदरत के साथ अभी भी जिसका सामंजस्य नहीं टूटा है पर जिसे तोड़ने के लिए नए जमाने ने जोर लगा दिया है। वह देस का मतलब शान्ति-एकता-भाईचारा समझता है, उसका देसप्रेम किसी दूसरे मुल्क के विरोध में महदूद नहीं है। आजादी हासिल करने के साथ ही हासिल हुए मूल्य ही उसके लिए देस के निर्धारक तत्त्व हैं।

कैलाश जी को पढ़ते-गुनते आप देखेंगे कि आप एक क्रम-विकास से गुजर रहे हैं। गुलाम मुल्क में पैदा हुए और गांधी-नेहरू के सपनों के देश में होश पुख्ता करते इस कवि के लिए आजादी एक बहुमूल्य चीज है। कवि इस आजादी की कीमत पहचानता है और इसकी हिफाजत का हर उपाय करने के लिए तैयार है। यह आजादी सभी धर्मों के लोगों ने मिलकर कमाई है, इस पर किसी एक

का हक नहीं है, यह नेहरूवादी विचार कैलाश जी की कविताओं में गुँथा हुआ है। कवि की आँखों में एक सपना है, जिसमें 'होरी' और 'धनिया' के बीच में दीवार नहीं होगी। इस सपने पर लगे ग्रहण के खिलाफ वह हमेशा खड़ा है। एक कविता में वे दर्ज करते हैं कि "आजादी सेतै ना आइल, हे साहेब/कैं कैं तउँजी बली दियाइल, हे साहेब/मन्दिर, मस्जिद, गुरुद्वारा, सबके बलबूते/जन गन मन तीरथ उतिराइल, हे साहेब।" इस लिहाज से 'एक तिरंगा एक देस' जैसी कविताएँ कवि-मन की सटीक उद्‌भावना हैं।

पर हिन्दी पट्‌टी की काव्य-परम्परा के मुताबिक ही कैलाश जी की कविताएँ सत्ता के प्रतिरोध में खड़ी होती हैं। सत्ताओं की तानाशाही, उनका गैर-जम्हूरी चरित्र कैलाश जी की कविता के व्यंग्य के निशाने पर होता है। उनकी कविता जनता के पक्ष में खड़ी होकर सत्ताओं की निरंकुशता और जन-विरोधी चरित्र को उजागर करती है। अनायास नहीं कि उनकी कई कविताओं में आपातकाल की निरंकुशता का तीखा प्रतिकार देखने को मिलता है। एक बात और दर्ज की जानी चाहिए कि कैलाश जी अपनी कविताओं में व्यक्तियों की आलोचना के बजाय प्रवृत्तियों की आलोचना के हिमायती हैं। बानगी देखिए : "आँख निकालै जीभ उपारै/बन्नर नियर नचावै/ डंडा के बल भीड़ बटोरै/आपन जय बोलवावै/ जाने केकर-केकर अब तक/ हिस्सा गइल हड़प्प।"

कैलाश जी भोजपुरी जनपद के किसान मन कवि हैं। ऋतुओं से किसान जीवन का लगाव, किसान जीवन में धर्म का मतलब, किसान-परिवार की संकल्पना और खेती-किसानी की मुश्किलें, कहिए तो किसान जीवन के सामाजिक-सांस्कृतिक पहलू उनकी कविता का बड़ा भाग गढ़ते हैं। कवि समझता है कि खेती-बारी करने का मतलब अब क्या है : "ई खेती, ई बारी, का कहै के, वाह-वाह/छूटै ना हत्यारी, का कहै के, वाह-वाह।" बार-बार बादल को बुलाता यह कवि किसान जीवन की मुश्किलों से न सिर्फ परिचित

है बल्कि सत्ताओं द्वारा किसान जीवन को नरक बना दिए जाने की प्रक्रियाओं पर भी तीखी निगाह रखता है। कवि को उस अँधेरे की पहचान है जिसके नाते यह सब हुआ है। इस लिहाज से उनकी कविता 'अन्हारे से लड़ाई' उनकी जुझारू और प्रतिरोधी तेवर की शीर्ष कविताओं में से एक है। जनता की प्रतिरोधी गोलबन्दी के सहारे ही 'अबरा जबरा से अधिकार को जबरी छीनना' होगा, इस कविता का कहना है।

धर्म की आज जो संकल्पना है, उसमें जितना जहर घोला जा चुका है, पहले ऐसा न था। देवताओं से बात करना, उनकी आलोचना करना, उनके साथ बराबरी का व्यवहार भोजपुरी पट्टी के संस्कार में था। यह वह जमीन थी जहाँ देवता रोजमर्रा के जीवन का हिस्सा हुआ करते थे। कई बार वे अपनी अलौकिकताओं को छोड़कर निहायत लौकिक ढंग से समाज के भीतर रहते थे। कैलाश जी की कविता में दर्ज धार्मिकता भी इसी तरह की है। यह साम्प्रदायिक नहीं, फूट और द्वेष पर आधारित नहीं, चुनाव और वोट और दंगों से इसका कोई सम्बन्ध नहीं। इसीलिए वे आराम से ईश्वर के साथ गपियाते हुए कह सकते थे कि "कल तक डाहत रहे नगिनियाँ अब डाहत हौ बीन/तोहीं बतावा ईश्वर तोहैं पूजीं या गरियाईं।"

कैलाश जी की कविताओं में जीवन के छोटे-छोटे अनुभवों के लिए, साहित्य में जगह न पाए चरित्रों के लिए काफी जगह है, चाहे वह ससुराल में जाकर फगुआ खेलने के इच्छुक रामलाल हों, प्रेम में पगलाए धुरंधर हों, प्रेमपत्र घोंटते पप्पू हों या अमवसा क मेला में बहुत दिनों बाद मिली सहेलियाँ चम्पा-चमेली हों। ये पात्र समूची जटिलता में भोजपुरी इलाके का प्रतिनिधित्व करते हैं। ऐसी बहुतेरी कविताएँ इस संग्रह में पाठकों को मिलेंगी जो सूक्ष्म पर्यवेक्षण की मिसाल हैं पर इस लिहाज से 'अमवसा क मेला' उनकी प्रतिनिधि कविता है। इलाहाबाद में त्रिवेणी स्नान के दौरान बसे हुए तम्बुओं के शहर का इतना बेहतरीन चित्र तन्मयता से

खींच पाना किसी समाजशास्त्री के लिए भी असम्भवप्राय है, जैसा कैलाश जी ने खींचा है। यह मेले से ज्यादा मेले में आए हुए लोगों के जीवन, सामाजिकता, असुरक्षाओं, संस्कारों और उत्कंठाओं का जीवंत काव्यात्मक दस्तावेज है।

कैलाश जी की कविताओं की एक खासियत की ओर पाठकों का ध्यान आकर्षित कराना चाहूँगा। उनकी कविताओं में कई बार आप गाँव बनाम शहर की बहस देख सकते हैं। टूटता-बिखरता गाँव और सब कुछ को लीलकर बड़ा होता निर्दयी शहर। ध्यान रखें कि जिस रंग की आधुनिकता हमारे मुल्क में आई, उस पर अब बारहाँ सवाल उठ रहे हैं। भारत के लम्बे उपनिवेशवाद-विरोधी संघर्ष को याद कीजिए। साम्राज्य के खिलाफ लड़ते हुए तमाम भारतीय विचारकों-शायरों ने इस बात को रेखांकित किया कि जो आधुनिकता आ रही है, वह कोई महान चीज नहीं है। याद करिए महात्मा गांधी के 'हिन्द स्वराज' को, जिसमें वे आधुनिकता और मशीनों और संसद वगैरह से मुल्क को आगाह करते हैं। याद करिए अकबर इलाहाबादी जैसे शायर को जो अपनी देशज जमीन पर खड़े होकर औपनिवेशिक रंग-ढंग को तीखे मजाक का विषय बना देते हैं। इसके साथ ही हमें याद करना होगा प्रेमचंद के लेख 'महाजनी सभ्यता' को, जिसमें उन्होंने औपनिवेशिक लूट के तंत्र को बेपरदा किया है। आशय यह है कि साम्राज्यवाद-विरोध की परम्परा हमारी विरासत है, जिसके अलग-अलग मॉडल रहे हैं। कहना न होगा कि कैलाश जी उपनिवेशवाद-विरोध की प्रेमचंद की नहीं बल्कि गांधी-अकबर की परम्परा के ज्यादा नजदीक हैं। ताकि बात स्पष्ट रहे, उदाहरण दे रहा हूँ। आधुनिक पढ़ाई की मुश्किलों की ओर ध्यान खींचता अकबर का एक शेर देखिए : "हम ऐसी कुल किताबें क़ाबिल-ए-ज़ब्ती समझते हैं/कि जिनको पढ़के लड़के बाप को ख़ब्ती समझते हैं" और फिर कैलाश जी की कविता के एक टुकड़े से इसका मिलान कीजिए : "देह बचावै आग लगावै

पढ़ै लगल हौ रजुआ/सीढ़ी सीढ़ी आसमान में चढ़ै लगल हौ रजुआ/ओकरे खातिर सुरुज मनइबै तोरे बाप क का।" अनायास नहीं कि कैलाश जी बार-बार गांधी को याद करते हैं, उनके सपने को याद करते हैं : "सिर फूटत हौ, गला कटत हौ, लहू बहत हौ गान्ही जी/देस बँटत हौ, जइसे हरदी धान बँटत हौ, गान्ही जी... करिया अच्छर भँइस बरोब्बर बेद लिखत हौ गान्ही जी/एक समय क बागड़ बिल्ला आज भगत हौ गान्ही जी।"

इसी जमीन से कैलाश जी संयुक्त परिवार के भीतर की श्रमशील महिला की ओर देखते हैं। परिवार की पारम्परिक संरचना के भीतर श्रमशील महिला की दुर्दशा उनकी आँखों से छुपी नहीं है। 'गुलबिया क चिट्ठी' और 'चिरई तोहके लैके ना' जैसी कविताएँ इस बात की गवाह हैं। परिवार में महिलाओं की स्थिति के अलावा महिला-पुरुष प्रेम के मधुर व्याकरण की विभिन्न छवियाँ भी आपको इस संग्रह में मिलेंगी पर ध्यान रहे कि ये छवियाँ बराबरी के मूल्य का पोषण नहीं करतीं। परदेश गए पति को याद करती कैलाश गौतम की नायिका की इच्छा सुनिए : "घरे होता अब ले त दीया बुताइत/अ बहरी दुआरी में बेंवड़ा लगाइत/तू आपन सुनवता हम आपन सुनाइत/आ बेना डोलाइत थकहरी मेंटाइत।" इस कविता में कैलाश जी महिला स्वर में बोलते तो हैं, पर उसकी आकांक्षाओं का पूरा अक्स कविता में उभरता नहीं दिखता। पर समस्या और गहरी है। 'दिन में सूट, रात में मैक्सी, ना घुँघटा ना अँचरा' वाली नए जमाने की 'बहू सुरक्षा समिति' बनाने वाली बहू इन कविताओं में खल पात्र बन जाती है और सहानुभूति का पलड़ा सास-ससुर की ओर झुक जाता है। इसी बहू का पति अगर परदेशी हो, यही बहू अगर सब कुछ सहने वाली हो, मूक हो तो कवि की सहानुभूति इस बहू के पक्ष में हो जाएगी। यह फाँक कैलाश जी की कविताओं में है। चूँकि यह प्रतिनिधि संग्रह है, इसलिए दोनों तरह की कविताओं को यहाँ जगह दी गई है।

मुहावरे आदिम कविता होते हैं। मुहावरों का इस्तेमाल काव्यभाषा में अतिरिक्त शक्ति भरता है। उर्दू के बारे में बात करते हुए यह लक्षित किया गया है कि बिम्बों की संप्रेषणीयता और उनमें ज्यादा बातें कहने की शक्ति मुहावरे से ही आती है। कैलाश जी की कविता इस लिहाज से मुहावरों से ही बनी-बुनी कविता है। और तो और उनकी काव्य-पंक्तियाँ भी उनके पाठकों-श्रोताओं के बीच मुहावरों की तरह ही चलन में आ गई हैं। उदाहरण लीजिए : "जे आवै ते लूटै खाय/परचल घोड़ भुसवले जाय/हँस-हँस बोलै ठोंकै पीठ/सौ-सौ पाठ पढ़वले जाय/केहू ओनइस केहू बीस/जोरै हाथ निपोरै खीस/रोज-रोज मुर्गा तोरत है/कइसे कहीं बिलाई आन्हर।" यह वह भोजपुरी नहीं जो चैनलों पर बोली जाती है, जिसमें खड़ी बोली के शब्द-भंडार को भोजपुरिया धज में बरतने की नाकाम कोशिश रहती है। वह भोजपुरी, भोजपुरी की आब से रहित होती है। भोजपुरी को बरतने वालों को कैलाश जी की भाषा से सीखना चाहिए कि इस जुबान की जान कहाँ है।

'पुरुवा पछुवाँ' कविता-संग्रह भोजपुरी समाज को नजदीक से जानने-समझने का मौका उपलब्ध कराता है। कवि की विचारधारा से ज्यादा यह संग्रह यथार्थ के मार्मिक और सच्चे विवरण के लिए, जबरदस्त भाषा के लिए और संवेदनशील नजर के लिए पढ़ा जाना चाहिए। यह संग्रह भोजपुरी समाज की ऊँच-नीच, ताकत और कमजोरी, डर और साहस तथा सपने, सबका विलक्षण काव्यात्मक दस्तावेज है। उम्मीद है, आप इसे संग्रहणीय और महत्त्वपूर्ण पाएँगे।

—मृत्युंजय

क्रम

पुरुवा पछुवाँ

बाबू आन्हर माई आन्हर

बाबू आन्हर माई आन्हर
हमैं छोड़ सब भाई आन्हर
केके, केके दिया देखाईं
बिजुली अस भउजाई आन्हर

हमरे घर क हाल न पूछा
भूत-प्रेत बैताल न पूछा
जब से नेंय दियाइल तब से
निकल रहल कंकाल न पूछा
ओझा सोखा मुल्ला पीर
केकर केकर देईं नजीर
जन्तर मन्तर टोना टोटका
पूजा पाठ दवाई आन्हर

जे आवै ते लूटै खाय
परचल घोड़ भुसउले जाय
हँस-हँस बोलै ठोंकैं पीठ
सौ-सौ पाठ पढ़वले जाय
केहू ओनइस केहू बीस
जोरै हाथ निपोरै खीस
रोज-रोज मुर्गा तोरत हौ
कइसे कहीं बिलाई आन्हर

इनकर किरिया उनकर बात
सोच-सोच के काटीं रात
के केतनी पानी में हउवै
मालूम हौ सब कर औकात
फूटल जइसे करम हमार
ओरहन सुन-सुन दुखै कपार
आपन तल निहारै नाँहीं
दिया कहै पुरवाई आन्हर

पूत जनमलैं लोलक लइया
बोवैं धान पछोरैं पइया
घर-घर चूल्हा अलग करवलीं
कुल गुनवाँ क पाखर अइया
कुछ अइसन कुंडली बनल हौ
रस्ता रस्ता कुआँ खनल हौ
नइहर गइल रहल मेहरारू
ली आइल महँगाई आन्हर

हाहाकार हौ चारों ओरी
पुरुब आग त पच्छिम चोरी
ओकरे कइसे कवर घोटाई
जेकर अहरा कुकुर अगोरी
दूध क माछी नाक क बार
दूनों देखली ए सरकार
एक आँख क कवन निहोरा
जहाँ तीन चौथाई आन्हर

बरखा रानी

चाल सुधारा चाल सुधारा
बरखा रानी चाल सुधारा

कब्बौ झूरा कब्बौ बाढ़
केसे-केसे लेईं राढ़
खेतवन से बस दुआ बन्दगी
खरिहनवन से भाई चारा

सोच-समझ के पाठ पढ़ावा
पानी में जिन आग लगावा
कब तक रहबू आसमान पर
तू निचओं तनी निहारा

अब जिन बरा धूर में जेंवर
सब बूझत हौ ई खर-सेवर
कवने करनी गया बइठबू
पहिले कुल क पुरखा तारा

कब तक अपने मन क करबू
हमरे छाती कोदो दरबू
ताले-ताले धूर उड़त हौ
कागज पर तू खना इनारा

दिनवाँ-रतियाँ रटै पपीहा
उल्लू भइलैं आज मसीहा
कौवा भँजा रहल हौ मोती
मुँह जोहत हौ हंस बेचारा

फागुन-चइत में पानी-पानी
सावन-भादों में बेइमानी
जेही क कुल छाजन-बाजन
वहि के पतरी खंडा बारा

कड़ुवा कड़ुवा थू हौ

कड़ुवा-कड़ुवा थू हौ प्यारे
मीठा-मीठा गप्प
बड़े-बड़े घड़ियाल बकुलिया
लोकै लपालप्प

घर में खेलै ओक्का-बोक्का
होला पाती खेत में
डहरी डाँड़े पटकी-पटका
आँख मिचोली रेत में
जब-जब हारै नाक सिकोड़ै
रोवै टपाटप्प

साँझ-सबेरे गोइयाँ बदलै
जइसे पान पनेरी
दर बदलै खुब सोच-समझ के
जइसे चतुर अहेरी
एहर बाइसकोप देखावै
ओहर झाईं झप्प

कत्तों लासा कत्तों चारा
कत्तों जाल बिछावै
पेटा लेवै खातिर सबके

बेटा बाप बनावै
बारी-बारी कुआँ झँकावै
गीनै छपाछप्प

कुल बिद्या आवैले एकरे
का चोरी-बेईमानी
हर हाँड़ी क नून हौ चिखले
घाट-घाट क पानी
आड़े-आड़े लंगी मारै
मुँह पर कहै बक अप्प

आँख निकालै जीभ उपारै
बन्नर नियर नचावै
डंडा के बल भीड़ बटोरै
आपन जै बोलवावै
जाने केकर-केकर अब तक
हिस्सा गइल हड़प्प

बोला त मुँह नोचैं

सात गिहथिनी मंठा पातर, बोला त मुँह नोचैं
उप्फर परैं ई नोकर-चाकर, बोला त मुँह नोचैं

सरगे चिन्नी, तेल पताले, चाउर दाल, दवाई अस
जहरो असली नहीं मुवस्सर, बोला त मुँह नोचैं

आग लगत हौ, धुआँ उठत हौ, लेकिन का बतलाई हम
जेकर घर ऊ खेलै चाँचर, बोला त मुँह नोचैं

नाँव सुना त बड़की बारी हूम करै के पल्लव नाँहीं
फइलै सगरों ऊसर बंजर, बोला त मुँह नोचैं

रात में सुरज, दिन में तरई, अहसन मुलक ना देखैला
गगरी फोरैं देख के बादर, बोला त मुँह नोचैं

बेपेनी क लोटा हउवै, तनी हिलाके देखा जा
टाट-भात में भाय-बिरादर, बोला त मुँह नोचैं

आन्हर कुकुर बतासे भूकै सबसे झगरा रोपैला
एह गुनवाँ में के ना पाखर, बोला त मुँह नोचैं

गाँव छोड़ के देवी-देवता अन्ते भागै लगलन
ओझा के घर भूत क आदर, बोला त मुँह नोचैं

फूल तोड़ के गड़हा पाटैं बुद्धी क बलिहारी
माई आन्हीं पूत बवंडर बोला त मुँह नोचैं

ग्रह चीन्हैं, कुंडली बिचारैं बिद्याधरी नचावैं
करिया अच्छर भँइस बरोब्बर बोला त मुँह नोचैं

हाथे-गोड़े गाले-माथे पीठी-पेट कपारे देखा
आँख छोड़के सगरो काजर बोला त मुँह नोचैं

पंचन में बस लत्तम-मुक्कम इहै रहलह बाकी
सबकर गति हौ साँप छछून्नर बोला त मुँह नोचैं

का कहै के, वाह-वाह

ई खेती, ई बारी, का कहै के, वाह-वाह
छूटै ना हत्यारी, का कहै के, वाह-वाह
सावन में गोड़ जरै, गोड़ सड़ै, फागुन में
मौसम क बलिहारी, का कहै के, वाह-वाह

पस, पंछी, चोर, चूहा, रोग, दोख, एही में
एही में पटवारी, का कहै के, वाह-वाह
ई जगलैं, ऊ जगलैं, सब जागल लेकिन त
कुम्भकरन बैपारी, का कहै के, वाह-वाह

नयके पुरनके परधनवन में रोज-रोज
ललकारा-ललकारी, का कहै के, वाह-वाह
खेत गयल फीसी में, देह उमिर अरजी में
पढ़-लिख के ठगहारी, का कहै के, वाह-वाह

जन्मैं से भें-भें के मारत है बप्पारे
महँगी क महतारी, का कहै के, वाह-वाह
कुल नउबत के बूढ़ा घर के पहुँचवलीं तब
तीरथ क तइयारी, का कहै के, वाह-वाह

टोय-टोय गारैलन टोय-टोय दूहैलन
उपकरी अधिकारी, का कहै के, वाह-वाह

चोन्हा में आग लगल, घर-दुआर स्वाहा सब
फुहरी क अगियारी, का कहै के, वाह-वाह

सेंगरा पर सूई हौ, तब्बौ ना छोड़ै दर
ई किरिपा सहकारी, का कहै के, वाह-वाह
रीति-रसम, गीत-परब, कुल भइलैं बेमशरफ
मुँह बोली लाचारी, का कहै के, वाह-वाह

झाड़ी में, नाला में, चीख बहू बेटिन क
गुंडन क जिमदारी, का कहै के, वाह-वाह
गान्ही क, नेहरू क, देस कहो ई है हौ
देसवै से गद्दारी, का कहै के, वाह-वाह

निराला गाँव

बड़ी निराली शान गाँव क गाँव निराला हौ
सोना गोड़े, दही हथेली, सिरे पनाला हौ

बादर देखै, ढोल उतारै, जम के आल्हा टेरै
खटिया छुटै, न आलस टूटै, दिनै ओंहाई घेरै
दिन-भर बइठल माछी मारै, रोज दइव के कोसै
जहाँ मिलै साही क काँटा, दुसरे के घर खोंसै
मोछै मोछ हँसी के माने दाल में काला हौ

आँख में फूलै सरसो हरदम, मन में उपजै काई
ना चीन्है अब बहिन मतारी, ना मानै अब भाई
जब से आयल नया जमाना, इहै भयल परिवर्तन
जेतनै मूँड़ी ओतनै चूल्हा, घर साझे क बर्तन
पहिले रहल दिवाली घर-घर, आज दिवाला हौ

जेसे पूछा, उहै बताई पढ़ल-लिखल के माने
थाने से तहसील में दउरै तहसीली से थाने
तार फेंक के बिजुली लेला नहर काट के पानी
आग लगावत चलै भीड़ में ऊहै आज जवानी
मंजिल कोसन दूर गाँव से, दूर उजाला हौ

कागज पर हौ बड़की बारी कागज पर बँसवारी
काटैं नाँव लिखैं फिर काटैं, ई अमीन पटवारी

जब बियाह तिकड़म से होला, ना हो गाये-गाये
हमरे गाँव में अकसर आवैं, अफसर मुर्गा खाये
सच-सच कइसे कहैं जुधिष्ठिर मुँह पर ताला हौ

हमरे गाँव क किस्मत अइसन, जे जागल ते भागल
पुरखन क पगड़ी जोगवै में, हम हो गइलीं पागल
गाँव क माटी फूलै महकैं, हम माटी में नाँची
पन्ना-पन्ना लिखीं हरियरी आखर-आखर बाँची
भइया हमरे हाथ में छाला, पाँव में छाला हौ

जब जब मेहर ताना मारै, रोवैं फफक सहाबू
ना भइली परधान गाँव क ना दफ्तर क बाबू
हम किसान अब केतनी ढोईं कमर तोड़ महँगाई
या त देईं मालगुजारी या त करीं सगाई
बाढ़ गइल त नई चुनौती सूखा-पाला हौ

आजादी सेतै ना आइल

आजादी सेतै ना आइल, हे साहेब
कैं कैं तउँजी बली दियाइल, हे साहेब
तू का जनबा ओसे पूछा जेकरे कुल में
फिर फिर नाँहीं गोद भराइल, हे साहेब

उत्तर-दक्खिन पूरब-पच्छिम चारों खूँटे
सीधे-सीधे कसम धराइल, हे साहेब
साँवर लगै अँजोरिया जेकरे आगे ऊ
हँसुवा ले रन में लहराइल, हे साहेब

दुलहिन देह, दूब दधि दोनी दरपन दमकैं
कोहबर में हौ माँग धोवाइल, हे साहेब
छप-छप ताल छपाछप छौना छउकल बेटा
मानिक दियना इहैं हेराइल, हे साहेब

पुरहर गरभ भार कुलवन्ती भाग न पउँलीं
दुसमन के मन पाप समाइल, हे साहेब
सावन क पुनवासी बासी जइसे कच्ची फाँसी
झाँसी अस जरई उधिराइल, हे साहेब

जलियाँवाला बाग न भूलै आँखी देखल
गिनले नाँहीं लाश गिनाइल, हे साहेब

आन्ही-पानी धूर-बवंडर नदिया-नारे
ज्वगै-ज्वगै के नाव खेवाइल, हे साहेब

नंगी देह बरफ क सिल्ली माघी खटिया
संगीन कोच के कलम छिनाइल, हे साहेब
पत्थर से बढ़के बज्जर किसान कैं छाती
सोझै खड़ी फसल रौंदाइल, हे साहेब

अइसन गरदा उड़ल कि दिन ही घिरल अन्हरिया
देखतै-देखतै सुरुज तोपाइल, हे साहेब
लइका बूढ़ जवान घरे से सबै शान से निकलल
जब थाना तहसील फुँकाइल, हे साहेब

का का गाईं, केतना गाईं, दरद होत हौ
सवासेर से सेर पराइल, हे साहेब
मन्दिर, मस्जिद, गुरुद्वारा, सबके बलबूते
जन गन मन तीरथ उतिराइल, हे साहेब

कुकुरिया

भूँक कुकुरिया भूँक
तोकैं राम भुकावैं भूँक

नइहर खइली, सासुर खइली
खइली पास-पड़ोस,
गिन-गिन देवता-पित्तर खइली
तवनो पर अफसोस,
आँख खोल के देख बउरही
मचल हौ थूकम थूक

के के नाँहीं कुआँ झँकवली
के के ना तरियउली,
भलमनुसन क रस्ता छूटल
अइसन दाँत गड़उली
सोच-सोच के कारस्तानी
उठै करेजे हूक

जेकरे माथे बेइल फूलै
ओकरे घर कुकरौंछी,

हाँड़ी बीछै हाड़ बरावै
तुलसी तर मुँहझौंसी,
का देखीं मुँह बरै रोवाई
जल्दी मुर्दा फूँक

आज का जोगीड़ा

जेके देखा उहै खलीफा
केहू नाँहीं कम,
घर-घर में हौ खनल अखाड़ा
घर-घर में मलखम,
जोगीड़ा सररररर

राहू केतू नवन बतावैं
सनी बनावै रस्ता
बड़न-बड़न क पानी उतरल
सबकर हालत खस्ता
केकर माई बाघ बियाइल
हौ केहू में दम
जोगीड़ा सररररर

बनल रहैं जजमान चकाचक
बनल रहै जजमानी,
बर-कन्या में कवनौ मूवैं
उपरोहिता क चानी,
बरहोमास पितरपख लउकैं
आठो पहर बरम
जोगीड़ा सररररर

केतनी अइलैं केतनी गइलैं
खतम न आवा-जाही,
इम्तिहान में सबै दियाइल
कागज कलम सियाही,
लेकिन एक्कै शर्त रहल हौ
कापी देखब हम
जोगीड़ा सररररर

सुग्गा, हंस, कबूतर, कोइल,
कुल कौड़ी क तीन
कौआ, गिद्ध, सियार, लोमड़ी,
आज बजावै बीन
ओही क बस कुसल छेम हौ
जेकरे हाथे बम
जोगीड़ा सररररर

अलगई मलिकाना खातिर

रोज घुरहुवा रामबरन से माँगे घर क ताली
तोहसे ना घर चली ए बुढ़ऊ के देबा घर खाली
तीरथ-बरत करा जा घूमा सेवा मथुरा-कासी
अस्सी के ऊपर हो गइला कब होबा संन्यासी

तोहरे उमिर के केतना जाने टिकट कटउलैं गइलैं
तोहीं बतावा यह दुनिया में फिर-फिर झाँके अइलैं
छोड़ा माया-मोह घरे क छोड़ा खेती-बारी
ला झटपट गउदान ए कक्का चटपट करा तयारी

रामबरन खिसियइलैं तुरतै ले सोंटा दउरवलन
धै-धै लोग उन्हैं पैड़े में बहुत-बहुत समझवलन
जाये दा लइका हौ ओके आपन उमिर निहारा
केकर करी नमूसी दुनिया सोचा तनी बिचारा

रामबरन तब कहलै रोके ई पेटउख क बद्दी
एक तरफ ई घर क झंझट ऊपर से भयवद्दी
हमहीं सबसे घर में नेवर कुल हमरै पर बीतै
कूबत हो त लड़के केहू मुसम्मात से जीतै

उनसे केहू पार न पावै हमही के सब नोचै
हम वार करीं कि वार बचाईं इहो त केहू सोचै

सोचा भला बतावा तोहीं का का नाँहीं कइली
मुसम्मात के घर से बहरे कवने तरह हटवली

सगरो नाँव चढ़वली आपन कुल खाता अलगवली
ई का जानी कइसे-कइसे का का हम सलटवली
अगर इहै सब चाहत होखै मुसम्मात फिर आवैं
ऊहै घर अब देखैं ताकैं ऊहै हुकुम चलावैं

हम्मैं का कुक्कुर कटले हौ हम काहें अफनाईं
इनकर उनकर करीं चेरउरी धक्का-मुक्का खाईं
काहें कहै घुरहुवा बुढ़ऊ काहे हमें चिढ़ावै
आवै हाथ मिलावै हमसे पंजा तनी लड़ावै

एक्कौ दाँत न टूटल देखा खड़ी सोपारी काटीं
एक साँस में खनी इनारा एक साँस में पाटीं
सेरन टानिक रोज पिहीला तब हउवै ई काठी
जोड़ी गदा त अइसे भाँजी जइसे दुनिया लाठी

हमरे आगे क जनमल हौ हमहीं से बरजोरी
हमरै करै सिकाइत सगरो जाके चोरी-चोरी
मत एतनी उद्बेग घुरहुवा मत एतनी तू डाहू
आपन मूँड़ ज्वगै के रक्खू घात लगवले राहू

मत अबही अलगई फान तू मत कर रोज लड़ाई
केहू काम न आई बच्चू दुनिया हँसी उड़ाई
कनफुकवन के पास न बइठू हाथ जोड़ घरफुकवन से
दूर रहू सैतनवन से तू दूर रहू दुसमनवन से

ई कुल पहिले चिट्ठा देलन पीछे लिहैं लिहाड़ी
आगे बढ़के गढ़हा खोदैं फँसल देख के गाड़ी
तू बकलोल जनम क उजबक भँइस चरवले खाली
फर्री आउर कलइया मरले चीन्हैं लगले ताली

एही गुन पर ताली लेबे तू करबे मलिकाना
ना ना ना ना ना घुरहुवा ना ना ना ना ना

कहो फलाने! अब का होई

कहो फलाने!
अब का होई
धइलस छूटल घाट धोबिनिया
अब त पटक पटक के धोई

थुकववलस चटववलस देखा
सौ-सौ नाच नचवलस देखा
पेड़ पहाड़ हवा हो गइलन
एक्कै हाथ देखवलस देखा
ओके त बकरा अस काटी
जे सरवा पँडवा अस रोई

राजा लेहलस रानी लेहलस
बेचारन क पानी लेहलस
उनहन पर का बीतत होई
जेकर कुल जजमानी लेहलस
बकसा बिलार हम बाँड़ै अच्छा
खैर मनावत हौ सब कोई॥
कटलस कान खियवलस भेली
नरको में हौ ठेला-ठेली
जे के देखा उहै डँटल हौ
राजा भोज अ गँगुवा तेली

दुनिया खड़ी तमासा देखी
जब भूँजी तब तब करमोई

भइलैं सिंह सियार देखला
देहलैं दाँत चियार देखला
फिर हो गइलैं बिना रीढ़ क
रोज करैं दरबार देखला
काट रहल हौ समय बेचारा
माँज रहल जूठी बटलोई

आँख मूँदला पीठ फेरला
जियै बदै दीवार घेरला
सिर उठाय जौ बोलल चाहा
हो जा फिर पंजाब केरला
जे छीनी तेही अब खाई
ऊ नाँहीं जे पीसी पोई

बाप होय त अइसन

हम बेटवा के सिरे चढ़इबै, तोरे बाप क का
अपने कुल का रीत निभइबै, तोरे बाप क का

हमरो बाबू अइसैं हम्मैं सिरे चढ़वले रहलन
लइकइयैं कुरसी क मतलब हमैं पढ़वले रहलन
हम बेटवा के उहै पढ़इबै तोरे बाप क का

देह बचावै आग लगावै पढ़ै लगल हौ रजुआ
सीढ़ी सीढ़ी आसमान में चढ़ै लगल हौ रजुआ
ओकरे खातिर सुरुज मनइबै, तोरे बाप क का

अइसैं रहब न सब दिन हमहूँ आखिर थकहर होबै
के जानै तब कासी होबै कि हम मगहर होबै
एही बदौलत जगह बनइबै, तोरे बाप क का

अग्गू जग्गू अरनू चरनू का बोलिहैं बतियइहैं
कुक्कुर गदहा रोज नहइहैं तब्बो उहै कहइहैं
सेन्ह फोर हम मानर गइबै तोरे बाप क का

आफत बिपत मुसीबत सहली अइसे नाँहीं रोवली
दाग लगल त लगल रहल जब समय मिलल तब धोवली
अब हम मुसरन ढोल बजइबै तोरे बाप क का

कब्बो देखली सुनली नाँहीं अइसन पट्टीदारी
मारे जरन के बोलै नाँहीं कउच कउच दे गारी
दे गारी हम अउर बिरइबै तोरे बाप क का

अइसैं समय रही माफिक त बेटवो मालिक होई
जियत रह्या त देख्या तुनहन घर-घर काँटा बोई
अपने आसन पर बइठइबै तोरे बाप क का

बउरहिया का दीया

तोर दिया करखी फेंकत हौ बाती तेल बदल बउरहिया
अन्हियरिया के मुँह पर हँस के हरदी चन्नन मल बउरहिया

के जानै तेलवै रद्दी कि गड़बड़ हौ कुछ बाती में
देख त सगरो करिखै करिखा धुआँ गड़त हौ आँखी में
अइसन धुआँ बड़ा दुख देला नकुलन चढ़ै कपारे में
भितरैं भीतर खाय करेजा ना लउकै अन्हियारे में

फूलै साँस अ खोंखी आवै दिनवैं तरई-तरई
खोंखत-खोंखत खून गिरैला एक दिन परई-परई
घुमटा आवै खाय पछाड़ा पेट पकड़ के रोवै
सोच न पावै एह दलदल में का काटै का बोवै
तू पुछबी अन्हियार कहाँ हो हमरे साथे चल बउरहिया

देख उहाँ अन्हियार खड़ा हौ जे तउलत हौ नरम-नरम
ओसे ढेर उहाँ लउकत हो जे काटत हौ गरम-गरम
गरम-गरम काटत हौ सबसे धरम करम बतियावत हौ
तीरे बाँह पकड़ बइठावै बिच्चे नाव डुबावत हौ

राजपाट लवटै ला अक्सर सुनले हई कहानी में
लेकिन अब का कहीं बाप रे गइल भँइसिया पानी में
जगह जगह पर तरह-तरह से आपन भेष बनवले हौ

जाने का-का खाय चुकल हौ फिर डाइन मुँह बवले हौ
मन्दिर के आरती नियर तू सज के आज निकल बउरहिया

बहुत दिना तू सूप बजवली भागल सूप बजवले से
जनम-जनम क नाबदान ई मानी अँतर सुँघवले से
आँख में चर्बी मन में काई लाज-शरम कुल खूँटी पर
चीन्हैवाला सूत न चीन्है लहालोट रंग-बूटी पर

छानी-छप्पर कोने-अँतरे सगरो बिगुल बजाऊ तू
जन्तर-मन्तर टोना-टोटका जड़ से आज भगाऊ तू
नौ क लकड़ी, नब्बे खर्चा, अब ना चली सकेती में
झगरा रोपै फरै मोकदमा जहाँ साल भर खेती में
बढ़त जात हौ कोढ़ सरीखा गाँव-गाँव चम्बल बउरहिया

सज्जै कूड़ा-करकट घर में, झाड़ू मार, बोहार त पहिले
झार-झूर के, लीप-पोत के, घर के तनी सँवार, त पहिले
अँगना बिच्छी, साँप चउकठे, गोंजर फिरैं ओसारे में
भूत-बड़ेरी, चोर अँटारी, साँय-साँय गलियारे में

रस न टपकै, स्वाद न आवै, अब कवनो त्योहारे में
फागुन-चइत बहैं खरिहाने भादों जरै कछारे में
ओठे बिरहा, मूँड़े बोझा, पेट में चूहा कूद रहल हौ
पूजैवाला बड़े मजे से आपन देवता पूज रहल हौ
साफ-साफ देखल चाहू त खुदै दिया बन जल बउरहिया

लम्पट मीत परोसी चाईं

लम्पट मीत परोसी चाईं
कवने सुख पर दिया जराईं

तेल सरग क तरई जइसे केहू-केहू छूवै
कवनो तरह लियइबो कइली पापिन परई चूवै
कोंहरा आपन अवाँ देखावै केकर किरिया खाईं

झपसल रात अन्हरिया जइसे आपन हाथ न सूझै
अगले-बगले जरै बिजुरिया तनिको दरद न बूझै
छिल छिल जाले देह अभागिन हम केतनी कतराईं

दुनिया बइठल काजर पारै सुख क ओर न छोर
हम घर सूतल चूल्ह जगाई परब मानवैं चोर
पोसल कुक्कुर धोखा देला जइसे दे परछाईं

चानी के जन्तर अस जिनगी बान्हल बाटै बाजू
आपन कीमत आँके खातिर कब तक चढ़ीं तराजू
चारों ओरी खाई खन्दक केहर गोड़ बढ़ाईं

लछमिनियाँ कउड़ी पर दउरै हम कउड़ी क तीन
कल तक डाहत रहै नगिनियाँ अब डाहत हौ बीन
तोहीं बतावा ईश्वर तोहैं पूजीं या गरियाईं

बार-बार बार दीया बार रे मटरुवा

बार-बार बार दीया बार रे मटरुवा
चउके ना बइठै अन्हार रे मटरुवा

बइसे त एक दीया रोजै तू बारैले
आज बार सैकड़ा हजार रे मटरुवा
दुइ बाती एहर से दुइ बाती ओहर से
जइसे हो आँख चार-चार रे मटरुवा

दीया हौ तुलसी हौ फूलझरी अँगना में
कइले कलुइया सिंगार रे मटरुवा
भइया के काजर लगावत हौ भउजी
आवत हौ बारी हमार रे मटरुवा

देर भ सबेर आज आई लछमिनियाँ
रस्ता न काटै बिलार रे मटरुवा
भीटा पर मन्तर जगावै समइया
जिनगी भरे क लबार रे मटरुवा

देख-देख ललचैं तरइया अकासे
धरती पर होत ससुरार रे मटरुवा
ओरी बँड़ेरी मुँडेरी पर देखू
दीयन क टह-टह बजार रे मटरुवा

अन्हारे से लड़ाई

देखा जहाँ अन्हारे के
मारा पहेंट के सारे के

उठा-उठा के पटक-पटक के
धै-धै टँगरी सटक-सटक के
खेला-खेला के नचा-नचा के
रोवा-रोवा के हँसा-हँसा के
अगवारे-पिछवारे मारा
अपने घरे-दुआरे मारा
गलियारे-गलियारे मारा
मारा बीच बजारे मारा
जहाँ मिलै ललकार के मारा
मुँह पर दीया बार के मारा
देहरी-देहरी ताखा-ताखा
बइठावा उजियारे के

हाथ उठावै हाथ काटला
माथ उठावै माथ काटला
गाल बनावै गाल बनादा
गारी दे सिसुपाल बनादा
बे पानी कै कै के मारा
धै के खूब सधै के मारा

घर में ढेला फेंक के मारा
चौराहे पर छेंक के मारा
हे भइया धिक्कार के मारा
साफ-साफ फटकार के मारा
भिगो-भिगो के डुबो-डुबो के
कनई करा पठारे के

भँइसा नियर हरियरी में हौ
पइसा नियर कचहरी में हौ
चोर क संगी-साथी हउवै
ईहै उज्जर हाथी हउवै
हम बोईं ई बीन-बीन ले
मुँह क कौरा छीन-छीन ले
जेकरे बल पर फूल रहल हौ
हमरै तोहरै भूल रहल हौ
पंचो आपन जोर देखा दा
सच्चों तनी अँजोर देखा दा
आखिर कब तक नाबदान ई
उप्पर बही कपारे के

सूरत देखा करनी देखा
अलग-अलग बैतरनी देखा
देखा कारस्तानी देखा
दूध में पानी-पानी देखा
बाहर हउवै अन्दर हउवै
एकर पेट समुन्दर हउवै
खाली पोलै-पोल हौ भइया
इहै दूर क ढोल हौ भइया

बड़की पगड़ी बड़का आसन
वाह-वाह रे वाह दुशासन
मन्दिर में मस्जिद में हउवै
भित्तर हौ गुरुद्वारे के

गाँव क भइया बाबू जागा
महँगू आउर सहाबू जागा
जागा हो कतवारू जागा
चिथरू आउर सोमारू जागा
हौ लोहा लेवै क न्यौता
फिर नइया खेवै क न्यौता
घरे-घरे में जाग लगा दा
जे न जागै आग लगा दा
एही आग में दिया लेसाई
दिया देख के भूत पराई
आज दिया अगवारे चाही
आज दिया पिछवारे के

हमरै जिनगी खाद होत हौ
हमरै घर बरबाद होत हौ
हरदम हमरै हाथ बन्हाला
हमरै मुँह पर लटकै ताला
हमही रन में बन में जूझीं
जब-जब हो गरहन में जूझीं
हमरै आधा पेट देखाला
हमरै हिस्सा मारल जाला
हमहीं भइया राम भरोसे
जाड़ा काटीं घाम भरोसे

हे अबरा जबरा से छीना
जबरी तू अधिकारे के

भेद-भाव ई खींचातानी
लल्लो-चप्पो गलतबयानी
धूर्त पुजारी धूर्त नमाजी
ले-देके बस तिकड़मबाजी
इन्हैं लड़ावा उन्हैं भिड़ावा
लड़ा-भिड़ा के काम बनावा
पीठ में छूरा भोंकैवाले
धूर आँख में झोंकैवाले
बस असली अन्हियार इहै हौ
हमहन में गद्दार इहै हौ
जब ले दीया बरी न भाई
के चीन्हीं हत्यारे के

भीड़ै भीड़

बड़ी भीड़ हौ, बड़ी भीड़ हौ
सिर पर जइसे खड़ी भीड़ हौ

करवट तनी बदल के देखा
चल के तनी निकल के देखा
डहरी-डाँड़े घरे-दुआरे
कोट-कचहरी हाट-बजारे

धक्की-धक्का, मुक्की-मुक्का
मुँह बवले सब, हक्का-बक्का
फेंक फेंकउवल, छीना-झपटी
दउरी-दउरा, रपटा-रपटी

झोंकी-झोंका, खींचा-तानी
नाँहीं आँटै दाल में पानी
कवनो रोवैं रोटी खातिर
कवनो रोवैं चोटी खातिर

रोवा रोहट बप्पा-मइया
डूबल राम भँवर में नइया
बड़ी भीड़ हौ, बड़ी भीड़ हौ
सिर पर जइसे खड़ी भीड़ हौ

बस-टेम्पो में ठूँसी-ठूँसा
देह भइल हौ पुअरा भूँसा
लइकन के इसकूल क चिन्ता
मेहर के कनफूल क चिन्ता

अँगना में घोड़दउर होत हौ
दुअरे पर गलचउर होत हौ
सोचा कुछ, कुछ अउर होत हौ
बउर से ज्यादा मउर होत हौ

खटिया पर हौ हाँफत केहू
गनगन-गनगन काँपत केहू
सिकुड़ल केहू निहुरल केहू
घोंघा अस हौ बटुरल केहू

नाक कटाइल कान धराइल
एही में तिहुवार हेराइल
बड़ी भीड़ हौ, बड़ी भीड़ हौ
सिर पर जइसे खड़ी भीड़ हौ

नून-तेल-लकड़ी क लाइन
देख-देख के हँसै पँड़ाइन
धुकुर-पुकुर जिउ काम के मारे
चक्कर आवै घाम के मारे

आज त नम्बर नहियै आई
घर में पाहुन राम दोहाई
सोचिहैं समधिन भले बनवलीं
देखतै खटिया चट्ट बिछवलीं

गइलीं त फिर अइलीं नाँहीं
चूल्हा आज जरवलीं नाँहीं
आखिर कहाँ समाइल बाटिन
कवने ओर लुकाइल बाटिन

रहतीं त कुछ कहतीं-सुनतीं
खिचड़ी धरतीं आलू भुनतीं
बड़ी भीड़ हौ, बड़ी भीड़ हौ
सिर पर जइसे खड़ी भीड़ हौ

सेन्हुर चाही टिकुली चाही
पक्का घर हौ बिजुली चाही
तितली-भँवरा तोता-मैना
देख-देख के रोवै ऐना

सोना-चानी पान-सोपारी
खातिरदारी मालगुजारी
बीस साल क धिया कुँवारी
कुपरेटी क सम्मन जारी

ई मजबूरी ई लाचारी
नावैं नाँव हौ खेती-बारी
शंकर के घर गउरा अइलीं
गहना बेच सोठउरा खइलीं
घरे-घरे क इहै हाल हौ
धँसल पेट हौ धँसल गाल हौ

बड़ी भीड़ हौ, बड़ी भीड़ हौ
सिर पर जइसे खड़ी भीड़ हौ
सुन घरघुसुरी सुन घरघुसरा
बहुतै अखरी बखरी क बखरा

सोच-समझ के गोड़ बढ़ावा
देख के रस्ता बोझ उठावा
नाँहीं त फिर पार न पइबा
जिनगी भर उजियार न पइबा

गिनले नाँहीं मूँड़ गिनाई
गाँव क मेला कुम्भ कहाई
कब क अदहन धयल जरत हौ
पानी आखिर कहाँ मरंत हौ

फटहा कुरता टुटहा जूता
करैं मजूरी इब्नबतूता
केसे-केसे माफी माँगी
फोंफर होय त हमहूँ भागीं

बड़ी भीड़ हौ, बड़ी भीड़ हौ
सिर पर जइसे खड़ी भीड़ हौ

नकली फागुन

सहुआ क रंग फक्क गाँव में चोरवा क रंग चोखा
असवो धोखा देहलस फागुन असवो देहलस धोखा
आम झकोरली, महुआ छुवली, झँकली जाय परासे
फागुन होय त लउकै कतहूँ ऊ त टँगल अकासे

का केहू अब खेलै फगुआ का केहु चहका गावै
भितरैं भीतर उहो झुरायल जे परयाग कहावै
अब का वइसन गुजरी जइसन पहिले गुजर गयल
एह बयार में बड़न बड़नक पानी उतर गयल

हे भाई हम्मैं ना लउकै फगुआ कवने ओरी
लोग करे लगलन अब मिलिके त्योहारन क चोरी
खेत क गोहूँ पछुवा लेहलस घर क धान महाजन
होलकी खातिर लइका खिंचलन हमरे घर क छाजन

भँइसा-साँड़ हरियरी चरलन कुछ न बचल कछारे
केसे लेके अदहन देईं पाहुन चार दुआरे
मुँह पर करिखा, हँसी होंठ पर, फागुन क बलिहारी
कुल-कुल भइल दुरदसा लेकिन फिर वइसै तइयारी

चोरवा घरे करहिया महकैं, सिल पर लोढ़ा बोलै
ओकर मेहर महरानी अस गहना पहिर के डोलै

अइसन सनगर केकर मेहर गाँव-घरे में होई
पहिले करिखा पोत रोवाई, रोवा-रोवा फिर धोई

बड़े-बड़े रंगबाज गाँव क रंग डालै जब अइलन
भूल गइल सब अकुली चकुली उलटे मुँह क खइलन
नाक कटवलन, कान कटवलन लेले जान परइलन
फिर फिर लुग्गा लूटै खातिर, सपनो में ना अइलन

कइसन रहल ऊ बड़का फगुआ कइसन रहल ऊ होली
कबौं कबौं बुढ़वा बतियावैं, ऊ दुलहिन ऊ डोली
एक गाँव में एक्कै सम्मत पहिले लोग जरावैं
गाँव-घरे में घूम-घूम के पहिले फगुआ गावैं

जवने रंग में राजा बाबू ओही रंग में परजा
लालैलाल त लउकैं सगरो गली मुँडेरी बरजा
गाँव छिंटइलै, पुरवा भइलै, पुरवो क मजबूरी
भीतैभीत सटल हौ लेकिन मन से मन क दूरी

ई दूरी जे दूर करै ऊ हमहन से रंग खेलै
हौ केहू पहलाद त आवै बरत होलिका झेलै

अनेत

देखा ए मालिक तू ई अनेत देखा
देवतन के आसन पर भूत-प्रेत देखा

का पहाव नाँधी हम, का रोईं गाईं
एक धाँधागर्दी में कहाँ भाग जाईं
का राजा का परजा सब अचेत देखा

गिर गइलैं आन्हीं में भाय फरैवाले
रह गइलैं छाती पर मूँग दरैवाले
दूसरे क मुँह नोचैं सेंत-मेंत देखा

के आपन हित नात के संगी साथी
सबही हौ एक घरी पोरस क हाथी
बीरन क मन्सूबा भयल खेत देखा

रोय-रोय के किस्सा माई जब गाई
सुनबा त आँखी में खून उतर आई
सिर फूटल देह छिलल बेंत-बेंत देखा

एक तिरंगा एक देस

एक तिरंगा एक देस हम, एक खेत-खरिहाने क
एक राग हम, एक बोल हम, भइया एक घराने क
उत्तर-दक्खिन पूरुब-पच्छिव हमरै खेती-बारी हउवै
बन-परबत अस भइया बाबू धरती अस महतारी हउवै

ताल-नदी सब संगी-साथी उछरै कूदै खेलैवाले
जब-जब पड़ै राह में रोड़ा तब-तब रोड़ा ठेलैवाले
हौ मन्दिर मसजिद क आदर, आदर हौ गुरुद्वारे क
आदर हउवै सब धरमन क, आदर भाईचारे क

अगले-बगले घर में जेकरे पता चलै अन्हियारे क
ओकरे घर में दउर-दउर सब नाँव लिखै उजियारे क
सब महाबीर के चीन्हैला, सब गौतम के पहिचानै ला
बड़ा भाग हम नानक पउली सारा देस बखानै ला

गालिब तुलसी सहजोबाई सूर जायसीवाले हम
पंजाबी मदरासी बँगला अउर फारसीवाले हम
कल-करखाना बन्धी-बन्धा सब पोथी का पन्ना हउवै
पिल्लै, राय, मोहम्मद, महतो, सिंह, तिवारी, खन्ना हउवै

गंगा जमुना कृष्णा झेलम ब्रह्मपुत्र क घेरा हउवै
औघड़ साधू पीर औलिया वाह गुरू क डेरा हउवै
राग-रंग क कमी न हमरे क्रिसमस हो बैसाखी हउवै
दिया-देवारी कजरी-फगुआ ईद-दशहरा-राखी हउवै

एक बरन रस डोलै सगरों एक बरन हरियाली लउकै
कहीं क माटी बलुई दोमट कहीं-कहीं क काली लउकै
साड़ी लाल-बनारसवाली दक्खिनवाली गउरी पहिरै
बलियावाली लहुरी भउजी जब पहिरै बँगलउरी पहिरै

विन्ध्याचल, सतपुड़ा, हिमालय, कंचनजंगा ठीहा हउवै
हर मौसम पैगम्बर हउवै हर तिहुवार मसीहा हउवै
कोसी, हीराकुंड, भाखरा, गंडक, व्यास, भगीरथ, हमरे
आज भिलाई, राउरकेला, चितरंजन, अस तीरथ हमरे

हौ सितार रविशंकर क बिसमिल्ला क सहनाई हउवै
कत्थक, भरतनाट्यम हमरे गरब-अउर भवाई हउवै
पूँजी हउवै पंचशील क ताकत सत्य अहिंसावाली
अब नाँहीं बँटवारा होई अब ना होई नोआखाली

जे विकास में हाथ बँटाई, उहै देस क मानल जाई
जे तनिको रोड़ा अँटकाई, ऊ भइया गद्दार कहाई
हिन्दुस्तान के माने होला हिन्दू-मुसलिम सिक्ख ईसाई
सबही क ई देस कहाला सबही क ई देस कहाई

हम सब कर हौ शान तिरंगा, मान अउर सनमान तिरंगा
हे भइया यह दुनिया भर में हमहन क पहिचान तिरंगा
छोटका-बड़का सबके सिर पर सीतल छाँह तिरंगा हउवै
आपन-आपन बाँह बढ़ावा देस क बाँह तिरंगा हउवै

ई देस तिरंगा बनल रहै हम ईहै रोज मनाई ला
अपने-अपने सुर में मिल के जन गन मन हम गाईला

गुलबिया क चिट्ठी

कहीं निरदयी कि बेदरदी कहीं हम
भुलक्कड़ कहीं कि अलहदी कहीं हम
कि झुट्ठा कि लम्पट कि बुद्धू अनाड़ी
कि अँकड़ू कि अँइठू कि पक्का खेलाड़ी

गयल हउवा जब से न मुँह फिर देखउला
न देहला सनेसा न चिट्ठी पठउला
न कहले कहाला न सहले सहाला
हमैं दाल में कुछ हौ काला बुझाला

झरत हउवै पतई बहत हौ झकोरा
खलत हउवै ऐना खलत हौ सिन्होरा
अ बान्है के हौ बार मीसल परल हौ
बिहाने से तोहरे पर गुस्सा बरल हौ

बजत हौ झमाझम रहरिया क छेमी
सबै भइया बाबू सिवाने क प्रेमी
चढ़ल हउवै फागुन उपद्दर मचल हौ
सबै रंग में डूबल केहू ना बचल हौ

हौ होंठे पर फागुन कपारे पर फागुन
बजावत हौ चिमटा दुआरे पर फागुन

लवर दिन में लहकैं परासे के ओरी
कियरिया लगै जइसे रंग क कटोरी

फरल हउवै सहिजन दुआरे क तब से
उहै हउवै ठीहा दुलारे क तब से
बड़े मन से फगुआ जियत हउवै बुढ़ऊ
अ भगतिन क मंठा पियत हउवै बुढ़ऊ

जहाँ देखैं बुढ़ऊ टकाटक निहारैं
एको दाँत नाँहीं हो मसगुर चियारैं
भगत कंठीवाले चुहुल पर ऊतारू
उहैं ढेर बइठैं जहाँ मेहरारू

हम का-का बताईं अ कइसे बताईं
बिपत-पर-बिपत हौ कहाँ तक गिनाईं
एहर कवनो करवट न आवै ओंहाई
अ देखीं चनरमा त फूटै रोवाई

भुला गइला फगुआ, भुला गइला होरी
भुला गइला चुटकी थपोड़ी टिकोरी
गहागह फुलाइल कियारी भुलइया
तू कइसे भला महुआबारी भुलइला

सिवाने क सरसो देखाले कि नाँहीं
अ कोइल क बोली सुनाले कि नाँहीं
टिकोरा करेजा छुवैला कि नाँहीं
अ सिरहाने महुआ चुवैला कि नाँहीं

भुला गइला किरिया भुला गइला वादा
अबो ले बतावा असों का इरादा
गइल खेती-बारी अ मूँड़े उधारी
अ कइसे दियाई असों मलगुजारी

पकत हउवै गोहूँ लगत हउवै कटनी
उहै बासी रोटी अ लहसुन क चटनी
हँसी मुसकुराहट हेराइल हौ जइसे
अ एही में जिनगी घेराइल हौ जइसे

अ चुड़िहारिन सगरो पुकारैले धँस के
हमैं देख आगे निकल जाले हँस के
बड़ा बेकहल हौ कबुत्तर क जोड़ा
करै मूँहा ठोठी न मानै निगोड़ा

गुटरगूँ-गुटरगूँ सुनावल करैला
ई आल्हर करेजा जरावल करैला
अ गौरइया खोंता लगावत हौ फिर से
अ चुन-चुन के तिनका लियावत हौ फिर से

बँसहटी पुरनकी जरावै के लायक
अ बड़की पलँगरी बिनावै के लायक
सूतीला भुइयाँ मगर जिउ डेराला
अ रोजै इहाँ साँप गोजर मराला

घरे होता अब ले त दीया बुताइत
अ बहरी दुआरी में बेंवड़ा लगाइत

तू आपन सुनवता हम आपन सुनाइत
आ बेना डोलाइत थकहरी मेंटाइत

निहारी ला पैड़ा अ जोही ला गाड़ी
भरल आँख हउवै खुलल हौ केवाड़ी
उहाँ नाँहीं आइब हम दूसर न होबै
तोरे दाली भाते में मूसर न होबै

रामलाल क फगुआ

पहिले-पहिले फगुआ खेलै रामलाल ससुरारी चललैं
रुपया-पइसा कपड़ा-लत्ता कै के खूब तयारी चललैं
लेहलैं नया सरौता, बटुआ, कत्था, खड़ी सोपारी, लेहलैं
मेहर खातिर साबुन, पौडर, साया, ब्लाउज, सारी, लेहलैं

अपने खातिर लुंगी, जूता, बीड़ी, अउर सलाई, लेहलैं
कई दुकानी चीख-चीख के आधा किलो मिठाई लेहलैं
हाथ गाल पर फेरै लगलन सोचै अउर बिचारै लगलन
आस-पास सैलून कहाँ हौ चारो ओर निहारै लगलन

बनल-ठनल एक औरत लउकल खोंखै अउर खँखारै लगलन
इसकूटर का ममा देखइलन बढ़के ममा पुकारै लगलन
नाँहीं सुनलैं ममा भीड़ में नाँहीं त बतियवले होतन
पुछले होतन हाल घरे क आपन हाल बतवले होतन

नाँहीं नाँहीं लाख कहित हम तब्बौ चाह पियवले होतन
अपने इसकूटर पर हम्मैं बस अड्डा पहुँचवले होतन
सुनले हईं शहर में मम्मा मामी नई लियायल हउवन
बड़की मामी गाँव रहैले ओकरे पर गुस्सायल हउवन

रामलाल अब सर समान कुल झोरा में सरियावै लगलन
साबुन पौडर लुंगी जूता खोंसै अउर दबावै लगलन

बस से चलीं कि रेकसै अच्छा जोड़ै अउर दहावै लगलन
सोझै खाली रेकसा लउकल हे रेकसा गोहरावै लगलन

बस से जाये क मतलब हौ पैदल ढेर चले के होई
रेकसा से सीधे दुआर पर कत्तौं न उतरै के होई
का हो रेकसा पूरे चलबा सोचा मत बस बोला जनला
रेकसोवाला हँस के कहलस लेला उड़न खटोला जनला

जइसे तइसे घंटा भर में रेकसा पार शहर के निकलल
चारो ओरी जाम बेचारा चढ़के कहीं उतर के निकलल
मुँह पर डूबत बेर देखके रामलाल घबराये लगलन
रेकसावाले पर रहि-रहि के पिन्नाये भन्नाये लगलन

एतना जल्दी तोहेके पूरे अब कइसे पहुँचाई हम
हमहूँ हई अदमियै मालिक गरुड़ देवता नाँहीं हम
ऐसे तेज चली ना हमसे जल्दी हो त खुदै चलावा
आजिज आके रामलाल तब कहलन अच्छा बइठा आवा

बारी-बारी दूनौ जने बइठै अउर चलावै लगलन
एतना गड़बड़ रस्ता सरवा रामलाल गरियावै लगलन
पाहुन अइलैं पाहुन अइलैं घर दउरल अगवानी खातिर
केहू तोसक-तकिया खातिर केहू मीठा-पानी खातिर

रामलाल क मेहर अपने भउजी से बतियावत हउवै
पैदल त ई चलै न जानैं अस सुकुवार बतावत हउवै
रेकसावाला मुसकियात हौ रामलाल त हाँफत हउवैं
गौर से उनके सब देखत हौ ऊहो सबके भाँपत हउवैं

हँस के बोलल चाहत हउवन लेकिन हँसी न आवत हउवै
अइसै मिलै सवारी मालिक रेकसावान मनावत हउवै
घर में चाह पियै के खातिर रामलाल बोलवावल गइलन
निखरहरे खटिया पर बिच्चे अँगना में बइठावल गइलन

भरमूँहे सब रंग लगवलस जमके भूत बनावल गइलन
बल्टी-बल्टी रंग से तुरतै रामलाल नहवावल गइलन
साली करै चिकारी सटके सरहज गावै गारी बबुआ
बबुई त ससुरारी गइलिन तू अइला ससुरारी बबुआ

रामलाल निखरहरे खटिया फोंय फोंय फुफकारै लगलन
हमरे नियर चलावा रेकसा सपना में ललकारै लगलन

झरल आम अब झरल पताई

झरल आम अब झरल पताई, ए पंचो
लड़का रोवै बप्पा माई, ए पंचो

धरतै झाँपी सुरू बवंडर दइया रे
के डोली घर तक पहुँचाई, ए पंचो
बिल्ली, चूहा, बाज, कबूतर, बकरी, बाघ,
साँप-नेउर में भइल मिताई, ए पंचो

बुढ़िया घोड़ी लाल लगाम छुवै न दे
कइसे पीठी जीन कसाई, ए पंचो
सच्चों कहीं गोसइयाँ जानै सइयैं खाई
जेकरे चरनी पर ई जाई, ए पंचो

बड़की मार कोहबरे अबहीं बाकी बा
छट्ठी में हो रहल ओझाई, ए पंचो
सबै भिड़ल हौ जजमानी बाँटै में देखा
पंडित, धोबी, बारी-नाई, ए पंचो

बगुला भगत अ मूसर धनुही कब्बौ ना
जे पतियाई धोखा खाई, ए पंचो
हउवै कहीं दाल में काला अइसै ना
सवत-सवत क करे बड़ाई, ए पंचो

हाय रे गंगा माई

ई देखा सुजनी, संजोग
बइद के घर में रोगै रोग
हाय रे गंगा वाह रे लोग

आँख भरल हौ मुँह उतरल हौ
जइसे कवनो गाढ़ परल हौ
आँख में आँख डाल के देखा
माथे पर चिन्ता क रेखा
अब गंगा बाजार में रहिहन
ना काशी-हरिद्वार में रहिहन
सबही दुहै निचोड़ै में हौ
सोना-चानी जोड़ै में हौ
हाड़-हाड़ त देह भइल हौ
हँसी ठिठोली रेह भइल हौ
गंगै पर सब टूट रहल हौ
हिक भर अपने लूट रहल हौ
हाय रे गंगा वाह रे लोग

ऊ आदर-सत्कार भूल जा
परब अउर तिहुवार भूल जा
खड़ा भूत अस शहर देखला
घाट-घाट पर जहर देखला

बिना जान क लहर देखला
गंगा भइलीं नहर देखला
नाव नियर मँझधार में गंगा
का देखीं अखबार में गंगा
खूब आज खैरात बँटत हौ
पइसा त इफरात बँटत हौ
अइसे में जे हाथ न धोई
अगिले जनम छछुन्नर होई
हाय रे गंगा वाह रे लोग

अइसै रो-रो बहल करा तू
घाट पकड़के रहल करा तू
तोहैं देख जिउ धक से होला
अइसन काहें बोला-बोला
खूब दउरलू खूब परइलू
कहीं बन्हइलू कहीं टँगइलू
आँख में कीचर मुँह पर फफरी
रेत में जइसे हाँफै मछरी
दूध-बताशा पान-सोपारी
सब ही जाई बारी-बारी
कथा-कीरतन-भजन हेराई
अब के गाई पीर पराई
हाय रे गंगा वाह रे लोग

सब तोहरै उद्धार करत हौ
आपन बेड़ा पार करत हौ
घाट के खातिर मार होत हौ
नई गोल तइयार होत हौ

खाली सोरैसोर हौ माई
साँसत में जिउ तोर हौ माई
तोहईं से हौ भाड़ा भत्ता
तोहीं आज तुरुप क पत्ता
अइसै तू हर साल झुरइबी
हम्मैं कवनी ओर बोलइबी
ना अइबी पहिचान में अब तू
रहबी बस गोदान में अब तू
हाय रे गंगा वाह रे लोग

छोटका-बड़का तीरथ रोइहैं
पुक्का फार भगीरथ रोइहैं
गागर रोइहैं सागर रोइहैं
रतनाकर पद्माकर रोइहैं
आर-पार क माला रोइहैं
घाटैघाट शिवाला रोइहैं
झंडी रोइहैं झंडा रोइहैं
घर में बइठल पंडा रोइहैं
बालू-बालू नइया रोइहैं
धै-धै पेट खेवइया रोइहैं
बस हमरे सरकार न रोइहैं
दइव क ठेकेदार न रोइहैं
हाय रे गंगा वाह रे लोग

एक दिना हम सपना देखली
गंगा क इनजेकसन निकली
मरै के बेरी सब लगवाई
ईहै अन्तिम रही दवाई

असली-नकली ना फरियाई
छोटकी सिसिया ढेर बिकाई
गंगा देसी घिउ हो जइहैं
सौ-सौ रुपया बूँद बिकइहैं
सीसी में बोतल में गंगा
बड़े-बड़े होटल में गंगा
तरह-तरह के रेट में गंगा
बैपरियन के पेट में गंगा
हाय रे गंगा वाह रे लोग

धरती

आपन खेत कियारी आपन
काँट-कूस फुलवारी आपन
हे भइया हम भरि-भरि भेंटी
ई धरती महतारी आपन

मन कठवत अस चंगा हउवै
ई रैदास क गंगा हउवै
एकरे अँचरा तीरथ लहरै
कुल का नाँव तिरंगा हउवै

एही क ई धरम करम हौ
सबके आँखी लाज-शरम हौ
हवा नरम त इहो नरम हौ
हवा गरम त इहो गरम हौ

आँख कि जइसे जामुन करिया
मुँह चिक्कन हौ घिउ क घरिया
छोटका-बड़का शहर देहाते
सबके इहै परोसै थरिया

इहै घाघरावाली हउवै
घूँघट-अँचरावाली हउवै
सबके इहै आसरा देले
बड़ी आसरी वाली हउवै

ई लाली खुशहाली देले
ऊसर के हरियाली देले
अजमावल हौ माँग के देखा
घर देले घरवाली देले

हरवाली ई फरसावाली
खीर बखीर अनरसावाली
ईहै खेत कचहरीवाली
ईहै एक मदरसावाली

हमरे साथे जरै-मरैले
नेह भरैले पीर हरैले
ऊँचे-खाले हर मौसम में
हीरा-मोती-लाल फरैले

ई मैना हिरना से खेलै
जंगल से झरना से खेलै
फागुन पिया ननद देवर से
सावन में बिरना से खेलै

ई हौ बाबू-माईवाली
भाई औ भउजाईवाली
एकरे घर में कमी कवन हौ
ताल-नदी अमराईवाली

सोना चानी-लाल लुटावै
कोठिलन चाउर-दाल लुटावै
एकरे धन क थाह न पइबा
आँख मूँद के माल लुटावै

ईहै गगरिन घिउ ढरकावै
ईहै अँजुरिन जिउ जुड़वावै
ई बदरन के अइसे टेरै
जइसे पपिहा पिउ गोहरावै

हमरे-तोहरे प्यार में नाचै
परब अउर त्योहार में नाचै
का पूछै के पहिर-ओढ़ के
जब सोरहो सिंगार में नाचै

ई छप्पर-छानी में खुश हौ
खाली गुड़-पानी में खुश हौ
लाख परेशानी हौ फिर भी
सदा परेशानी में खुश हौ

घर-घर में हौ आदर देखा
चँवर डोलावै बादर देखा
बिछ-बिछ गइल हरियरी आगे
गोड़ धोवत हौ सागर देखा

राम कृष्ण अरबिन्द इहै हौ
बाउल गीत गोविन्द इहै हौ
जै जवान ई, जै किसान ई
हिन्द इहै जै हिन्द इहै हौ

करै सदा सनमान क रच्छा
गीता अउर कुरान क रच्छा
क्रिसमस फगुआ ईद दशहरा
बैसाखी रमजान क रच्छा

साफा हउवै, टोपी हउवै
ई रसखान क गोपी हउवै
इहै अछैवट, इहै त्रिवेनी
अकबर इहै अलोपी हउवै

मन में रागै-राग भरल हौ
कजरी-बिरहा-फाग भरल हौ
ई दानी बलिदानी हउवै
खून में त्यागै-त्याग भरल हौ

ईहै दुर्गा, ईहै काली
ईहै हौ पूजा क थाली
ईहै चारों धाम क जननी
एकर करनी बड़ी निराली

ई साधू-सन्तन क घर हौ
कुटिया में सुरखाब क पर हौ
तपवाली जसवाली हउवै
एकर महिमा अजर-अमर हौ

गान्ही जी

सिर फूटत हौ, गला कटत हौ, लहू बहत हौ, गान्ही जी
देस बँटत हौ, जइसे हरदी धान बँटत हौ, गान्ही जी
बेर बिसवतै ररुवा चिरई रोज ररत हौ, गान्ही जी
तोहरे घर क रामै मालिक सबै कहत हौ, गान्ही जी

हिंसा राहजनी हौ बापू, हौ गुंडई, डकैती, हउवै
देसी खाली बम बनूक हौ, कपड़ा घड़ी बिलैती, हउवै
छुआछूत हौ, ऊँच-नीच हौ, जात-पाँत पंचइती हउवै
भाय-भतीजा, भूल-भुलइया, भाषण भीड़ भँड़इती हउवै
का बतलाई कहै सुनै में सरम लगत हौ, गान्ही जी
केहुक नाँहीं चित्त ठेकाने बरम लगत हौ, गान्ही जी
अइसन तारू चटकल अबकी गरम लगत हौ, गान्ही जी
गाभिन हो कि ठाँठ मरकही भरम लगत हौ, गान्ही जी

जे अललै बेइमान इहाँ ऊ डकरै किरिया खाला
लम्बा टीका, मधुरी बानी, पंच बनावल जाला
चाम सोहारी, काम सरौता, पेटै पेट घोटाला
एक्को करम न छूटल लेकिन, चउचक कंठी माला
नोना लगल भीत हौ सगरो गिरत-परत हौ गान्ही जी
हाड़ परल हौ अँगनै अँगना, मार टरत हौ गान्ही जी
झगरा क जर अनखुन खोजै जहाँ लहत हौ गान्ही जी
खसम मार के धूम धाम से गया करत हौ गान्ही जी

उहै अमीरी उहै गरीबी उहै जमाना अब्बै हौ
कब्बौ गयल न जाई जड़ से रोग-पुराना अब्बौ हौ
दुसरे के कब्जा में आपन पानी दाना अब्बौ हौ
जहाँ खजाना रहल हमेसा उहै खजाना अब्बौ हौ
कथा कीर्तन बाहर, भीतर जुआ चलत हौ, गान्ही जी
माल गलत हौ दुई नम्बर क, दाल गलत हौ, गान्ही जी
चाल गलत, चउपाल गलत, हर फाल गलत हौ, गान्ही जी
ताल गलत, हड़ताल गलत, पड़ताल गलत हौ, गान्ही जी

घूस पैरवी जोर सिफारिश झूठ नकल मक्कारीवाले
देखतै देखत चार दिन में भइलैं महल अटारीवाले
इनके आगे भकुआ जइसे फरसा अउर कुदारीवाले
देहलैं खून-पसीना देहलैं तब्बौं बहिन-मतारीवाले
तोहरै नाव बिकत हो सगरो मांस बिकत हौ गान्ही जी
ताली पीट रहल हौ दुनिया खूब हँसत हौ गान्ही जी
केहू कान भरत हौ केहू मूँग दरत हौ गान्ही जी
कहई के हौ सोर धोवाइल पाप फरत हौ गान्ही जी

जनता बदे जयन्ती बाबू नेता बदे निसाना हउवै
पिछला साल हवालावाला अगिला साल बहाना हउवै
आजादी के माने खाली राजघाट तक जाना हउवै
साल भरे में एक बेर बस रघुपति राघव गाना हउवै
अइसन चढ़ल भवानी सीरे ना उतरत हौ गान्ही जी
आग लगल हौ, धुआँ उठत हौ, नाक बजत हौ गान्ही जी
करिया अच्छर भँइस बरोब्बर बेद लिखत हौ गान्ही जी
एक समय क बागड़ बिल्ला आज भगत हौ गान्ही जी

अमवसा क मेला

ई भक्ती के रंग में रँगल गाँव देखा
धरम में करम में सनल गाँव देखा
अगल में बगल में सगल गाँव देखा
अमवसा नहाये चलल गाँव देखा

एहू हाथे झोरा, ओहू हाथे झोरा
अ कान्हीं पर बोरी, कपारे पर बोरा
अ कमरी में केहू, रजाई में केहू
अ कथरी में केहू, दुलाई में केहू
अ आजी रँगावत हई गोड़ देखा
हँसत हउवैं बब्बा तनी जोड़ देखा
घुँघटवै से पूछै पतोहिया कि अइया
गठरिया में अबका रखाई बतइहा
एहर हउवै लुग्गा ओहर हउवै पूड़ी
रमायन के लग्गे हौ मडुवा क ढूँढ़ी
ऊ चाउर अ चिउरा किनारे के ओरी
अ नयका चपलवा अँचारे के ओरी
अमवसा क मेला अमवसा क मेला
इहै हउवै भइया अमवसा क मेला

मचल हउवै हल्ला चढ़ावा-उतारा
खचाखच भरल रेलगाड़ी निहारा

एहर गुर्री-गुर्रा, ओहर लोली-लोला
अ बिच्चे में हउवै शराफत से बोला
चपायल हौ केहू, दबायल हौ केहू
अ घंटन से उप्पर टँगायल हौ केहू
केहू हक्का-बक्का, केहू लाल-पीयर
केहू फनफनात हउवै कीरा के नीयर
अ बप्पा-रे-बप्पा, अ दइया-रे-दइया
तनी हम्मैं आगे बढ़ै देत्या भइया
मगर केहू दर से टसकले न टसकै
टसकले न टसकै, मसकले न मसकै
छिड़ल हो हिताई-नताई क चरचा
पढ़ाई-लिखाई कमाई क चरचा
दरोगा क बदली करावत हौ केहू
अ लग्गी से पानी पियावत हौ केहू
अमवसा क मेला अमवसा क मेला
इहै हउवै भइया अमावसा क मेला

जहर देखा ओहर बढ़त हउवै मेला
अ सरगे क सीढ़ी चढ़त हउवै मेला
बड़ी हउवै साँसत न कहले कहाला
मूँड़ै-मूँड़ सगरो न गिनले गिनाला
एही भीड़ में सन्त गिरहस्त देखा
सबै अपने-अपने में हौ व्यस्त देखा
अ टाई में केहू, त टोपी में केहू
अ झूँसी में केहू, अलोपी में केहू
अखाड़न क संगत, अ रंगत ई देखा
बिछल हौ हजारन क पंगत ई देखा
कहीं रासलीला कहीं परबचन हौ
कहीं गोष्ठी हौ कहीं पर भजन हौ

केहू बुढ़िया माई के कोरा उठावै
अ तिरबेनी मइया में गोता लगावै
कलपबास में घर क चिन्ता लगल हौ
कटल धान खरिहाने वइसै परल हौ
अमवसा क मेला अमवसा क मेला
इहै हउवै भइया अमवसा क मेला

गुलब्बन क दुलहिन चलैं धीरे-धीरे
भरल नाव जइसे नदी तीरे-तीरे
सजल देह जइसे हौ गौने क डोली
हँसी हो बताशा शहद हउवै बोली
अ देखैलीं ठोकर बचावैलीं धक्का
मनै मन छोहारा मनै मन मुनक्का
फुटेहरा नियर मुसकिया-मुसकिया के
निहारैलीं मेला सिहा के चिहा के
सबै देवी-देवता मनावत चलैलीं
अ नरियर-पे-नरियर चढ़ावत चलैलीं
किनारे से देखैं इशारे से बोलैं
कहीं गाँठ जोड़ैं कहीं गाँठ खोलैं
बड़े मन से मन्दिर में दरसन करैलीं
अ दूधे से शिवजी क अरघा भरैलीं
चढ़ावैं चढ़ावा अ गोंठैं शिवाला
छुवल चाहैं पिंडी लटक नाँहीं जाला
अमावसा क मेला अमवसा क मेला
इहै हउवै भइया अमवसा क मेला

बहुत दिन पर चम्पा चमेली भेंटइलीं
अ बचपन क दूनों सहेली भेंटइलीं
ई आपन सुनावैं ऊ आपन सुनावैं

दूनों आपन गहना गदेला गिनावैं
असों का बनवलू असों का गढ़वलू
तू जीजा क फोटो न अब तक पठवलू
न ई उन्हैं रोकैं न ऊ इन्हैं टोकैं
दूनों अपने दुलहा क तारीफ झोकैं
हमैं अपने सासू क पुतरी तू जान्या
अ हम्मैं ससुर जी क पगरी तू जान्या
शहरियों में पक्की देहतियों में पक्की
चलत हउवै टम्पो चलत हउवै चक्की
मनै-मन जरै अ गड़ै लगलीं दूनों
भयल तू-तू मैं-मैं लड़ै लगलीं दूनों
अ साधू छोड़ावैं सिपाही छोड़ावैं
अ हलवाई जइसे कराही छोड़ावैं
अमवसा क मेला अमवसा क मेला
इहै हउवै भइया अमवसा क मेला

कलौता के माई क झोरा हेरायल
अ बुद्धू क बड़का कटोरा हेरायल
टिकुलिया क माई टिकुलिया के जोहै
बिजुलिया क भाई बिजुलिया के जोहै
मचल हउवै मेला में सगरो ढुँढ़ाई
चमेला क बाबू चमेला क माई
गुलबिया सभत्तर निहारत चलैले
मुरहुवा मुरहुवा पुकारत चलैले
अ छोटकी बिटिउवा के मारत चलैले
बिटीउवै पर गुस्सा उतारत चलैले
गोबरधन क सरहज किनारे भेंटइलीं
गोबरधन के संगे पउँड़ के नहइलीं
घरे चलता पाहुन दही-गुड़ खियाइत

भतीजा भयल हौ भतीजा देखाइत
उहैं फेंक गठरी परइलैं गोबरधन
न फिर फिर देखइलैं धरइलैं गोबरधन
अमवसा क मेला अमावसा क मेला
इहै हउवै भइया अमवसा क मेला

केहू शाल सुइटर दुशाला मोलावै
केहू बस अटैची क ताला मोलावै
केहू चायदानी पियाला मोलावै
सोठउरा क केहू मसाला मोलावै
नुमाइस में जातै बदल गइलीं भउजी
अ भइया से आगे निकल गइलीं भउजी
हिंडोला जब आयल मचल गइलीं भउजी
अ देखतै डरामा उछल गइलीं भउजी
अ भइया बेचारू जोड़त हउवैं खरचा
भुलइले न भूलै पकउड़ी क मरचा
बिहाने कचहरी कचहरी क चिन्ता
बहिनिया के गौना मसहरी क चिन्ता
फटल हउवै कुरता टुटल हउवै जूता
खलित्ता में खाली केराया क बूता
तबौ पीछे-पीछे चलत जात हउवन
गदोरी में सुरती मलत जात हउवन
अमवसा क मेला अमवसा क मेला
इहै हउवै भइया अमवसा क मेला

चला चली कहीं

चला चली कहीं बनवाँ के पार हिरना
एही बनवाँ में बरसै अंगार हिरना

रेत भइलीं नदिया पठार भइलीं धरती
जरि गइलीं बगिया उपर भइलीं परती
एही अगिया में दहकै कछार हिरना

निदिया क महँगी सपनवाँ क चोरी
एहि पार धनिया त ओहि पार होरी
बिचवाँ में उठलीं दीवार हिरना

बड़ी-बड़ी बखरी क बड़ी-बड़ी कहनी
केहू धोवै सोरिया त केहू तोरै टहनी
केहू बीछै हरी-हरी डार हिरना

गीतिया ना महकी न फुलिहैं कजरवा
लुटि जइहैं लजिया ना अँटिहैं अँचरवा
बिकि जइहैं सोरहो सिंगार हिरना

देसवा हमार

देसवा हमार भइया
फुलवा कैं दोना
रतिया में चानी झरै
दिनवाँ में सोना

रंग-रंग फुलवा
फुलैला फुलवरिया
कहीं असमानी लाल
कहीं हौ केसरिया
देख्या भगवान तू
लगै ना कहीं टोना

कई-कई बोलिया
बोलैलन भाई-भाई
हिन्दू मुसलमान सिक्ख
पारसी ईसाई
घर-घर सरग
तिरथ चारों कोना

गोड़ धोवै सगरा
मुकुट हिमवनवाँ

सिमवाँ क सोभा हउवै
देश का जवनवाँ
सबही मोहाय देखि
रुपवा सलोना

रोज-रोज गीला

रोज-रोज गीला गरीबी में आटा
ए गंगा माई! हमार पाप काटा

खेती कचहरी पढ़ाई क चिन्ता
बिटिया क गौना बिदाई क चिन्ता
बनल रहै दूनो हमार जोरू जाँता

हमरे नियर पापी आयल ना होई
बोझा से एतनी लदायल ना होई
ई बोझ माई समूचा तू बाँटा

गोड़ बिछलायल और फूट गइल गगरी
ले दे के खाली इहै मोर ठठरी
छोड़ै ना चोला परान गुड़ माँटा

ई सहर ना मरी

जब ले पिरथी रही ई सहर ना मरी
गंगा-जमुना क हमरे लहर ना मरी

घर में हरदम अतिथियन क स्वागत रही
शब्द गूँजत रही, भाव जागत रही
पुण्य छूवत रही, पाप भागत रही
तन दधीची रही, मन तथागत रही
ना मरी रोशनी ई डहर ना मरी

पर्व आवत रही, जै मनावत रही
रेत में प्रेम से घर बनावत रही
जिन्दगी हँस के सरबस लुटावत रही
भीड़ गावत बजावत जगावत रही
बाढ़ में भी ई बालू क घर ना मरी

धार अमिरित क कल-कल बही अइसहीं
सब सुनीं अइसहीं, सब कहीं अइसहीं
बाढ़ पाला इहाँ सब सही अइसहीं
रेत भीजत पसीजत रही अइसहीं
ना मरी ई शिविर कवनो स्वर ना मरी

सरद रितु आइल

रितु आइल सरद रितु आइल रे
बनवा में काँस फुलाइल रे
अब जौ जौ दिन दुबराये लगल
ऊ जल्दी भागै पराये लगल
तिजहरियै से सिहराये लगल
औ, रतिया बढ़ै मोटाये लगल
मन ठहरल ताल थिराइल रे

गाँव देखा जोताई-बोवाई में
गाँव देखा कटाई-मड़ाई में
गाँव देखा लिपाई-पोताई में
गाँव नइकी-पुरनकी रजाई में
ओस मोती नियर छितराइल रे

फिर ढब-ढब, टीन पिटाये लगल
जोन्हरी देखा अगोराये लगल
कान संझा सबेरे ढँकाये लगल
घामें में लइका मिसाये लगल
रात आधी मिलल कोहराइल रे

धान देखा कटाये ढोवाये लगल
खरिहाने बोझा गँजाये लगल
कउड़ा के आगी कढ़ाये लगल
औ, ऊखिया टूटै चुहाये लगल
अगहन में गौना धराइल रे

आइल दिया देवारी

आइल दिया देवारी आइल दिया देवारी
चारो तरफ शुरू हौ तेवहार क तयारी॥

छीलत हौ घास केहू, छोपत हौ केहू माटी
कातिक क करैं चरचा जंगल पहाड़ घाटी
केहू करै लिपाई, केहू करै पोताई
घर-घर में हौ मरम्मत घर-घर में हौ सफाई
कीनत हौ केहू लावा, कीनत हौ केहू लाई
केहू कहत हौ घरिया कइसे असों भराई
चीजन क दाम अइसन आकाश छू रहल हौ
आवाज भरमाइल हौ आँस चू रहल हौ
सत्तर ला साव नगदी, नब्बे रही उधारी

गोहूँ क रेट अइसन, बोईं कि पुड़ी खाईं
महँगी क मार सगरो, कवने शहर पराईं
मट्टी क तेल चाही, सरसो क तेल चाही
लेवै के हौ भगौना, लेवै के हौ कराही
बाबू क ओहर तीरथ, माई क एहर बरसी
एही दूनो के खातिर ऊ गाय बिकल जरसी
गोबिना घरे क गहना जूआ में हार बइठल
भाई के बरल गुस्सा, दुइ हाथ मार बइठल
अपने घर क रोना रोवत हईं पियारी

अगहन में आपरेसन, फागुन में असौं गौना
ई त रोवाय देहलस, तेवहार मरकिनौना
पप्पू के फीस खातिर चाउर गयल बिकाये
हरदी अ नून जइसे दालो लगल किनाये
माधो क फटल कुर्ता, साधो क फटल धोती
बीसन दिना से जूता मोजा रटैलें मोती
कुछ बीज अबौ चाही, कुछ खाद अबौ चाही
कुछ छूट अबौ चाही, इमदाद अबौ चाही
निकियाय रहल हउवै सरकार मलगुजारी

साँसत में जिउ परल हौ, अफनाब तनी देखा
भागत फिरैलन दिन भर, महताब तनी देखा
बउराब तनी देखा, गुस्साब तनी देखा
ललचाब तनी देखा, रहिजाब तनी देखा
बड़का कहै के हउवन गोड़े में नूहीं जूता
सच्चों कहत हई हो जूतों क नूहीं बूता
तब्बों ई राग भइया देखा जिया रहल हौ
हमहन के आक्सीजन ईहै पिया रहल हौ
न बिजनेस न सर्बिस फकत खेती-बारी

धुरन्धर

बहै फगुनहट उड़ैं धुरन्धर
लुप दे एहर लुप दे ओहर
सोनकिरवा अस मुड़ैं धुरन्धर

गाँव गली बारी बँसवारी
डहरी डाँड़े खेत कियारी
नहर क पुलिया ताल किनारे
डीह क चउरा नदिया नारे
मन्दिर कबौं मदरसा झाँकैं
उचक उचक पोखरा पर ताकैं
छिन महुआ छिन-छिन गुलमोहर
आज त ओकर दरसन नोहर
बस में देह न चित्त ठेकाने
तरई गिनैं रात खरिहाने
जेतनैं हँसै गाँव घर खुलके
ओतनैं मन में कुढ़ैं धुरन्धर

हवा बोलावै घाम बोलावै
बहरे चारो धाम बोलावै
घर में कइसे रहैं धुरन्धर
केसे दुखड़ा कहैं धुरन्धर
महुआ आम नीम से पूछैं

फिर लइकन के टीम से पूछैं
का रे सोनवा लउकल कत्तौं
बिजुरी जइसन चमकल कत्तौं
आँख में आँख समाइल हउवै
कवनो चीज हेराइल हउवै
आन्हर कुकुर बतासे भूँकैं
अन्हैं सबसे लड़ैं धुरन्धर

दिन-दिन भर न खायँ धुरन्धर
चाहै पर रहि जायँ धुरन्धर
माई कहै कहाँ तू जाले
का पीयैले का तू खाले
बाप कहै मर जायँ धुरन्धर
जायँ जहन्नुम जायँ धुरन्धर
का कारन भउजाई पूछै
देह भइल चउथाई पूछै
भउजी आपन क़सम धरावै
फागुन के जिउभर गरियावै
केहू सुनै न पावै घर में
बस भउजी से खुलैं धुरन्धर

उहै धुरन्धर आवत हउवन
अपनै से बतियावत हउवन
अइसे ना ई अइसे होई
लेकिन के बिन्ध्याचल ढोई
सोचत अउर बिचारत हउवन
एकटक राह निहारत हउवन
बड़की पूजा करब भवानी

पत हमार राखा महरानी
कइसों बेड़ा पार लगावा
ई चीठिया तोही पहुँचावा
ई दर छोड़ कहाँ अब जाईं
चउकठ पर सिर धुनैं धुरन्धर

कन्हैया क लीला

कन्हैया क लीला त लीलै हौ भाई
न कहले कहायल न गवले गवाई
न कब्बौं ओरायल न कब्बौं ओराई
इहै काम आयल इहै काम आई

कतौं नाँहीं एतनी मिठाई भरल हौ
मिठइयो में जइसे मलाई भरल हौ
लड़कपन भरल हौ, ढिठाई भरल हौ
हँसी के कटोरिया में लाई भरल हौ
कन्हैया के गोपी बलावैं, पटावैं,
मिलावैं, रिझावैं, चिढ़ावैं, बिरावैं,
हँसावैं, रोवावैं, नचावैं, खेलावैं,
अ लैनू क लालच दे गइया दुहावैं
कबौं मन में आवै गुजरिया बनावैं
गुजरिया बनावैं, दुपट्टा ओढ़ावैं,
अ काजर लगावैं, अ टिकुली सटावैं
घुँघुट काढ़ के आँख मारै सिखावैं
बड़ा भाग ओकर जे इन्हैं नचाई
जे इन्हैं नचाई उहो नाच जाई

ई गोकुल में रहिके अजब खेल खेलैं
एहर फोरैं गगरी, त ओहर ढकेलैं

एहर काटैं चुटकी, ओहर कान फूँकैं
ई मुरदो में हँस के नई जान फूँकैं
ई सट-सट के गोपिन के बुद्धू बनावैं
पहाड़ा पढ़ावैं अ रस्ता देखावैं
न ई बाज आवैं, न ऊ बाज आवैं
ऊ बँसुरी चोरावैं, ई चुनरी चोरावैं
एहर क ओहर बात पट से लगावैं
बिहाने बिहाने ई झगरा करावैं
खुदै बीच में पड़के झगरा छोड़ावैं
एहू के मनावैं ओहू के मनावैं
न टूटै ई नाता न छूटै मिताई
बड़ा सुख मिली भागवत जे नहाई

घुसैं जवने घर में बखेड़ा मचा दें
कहीं क कहीं चीज धै दें छुपा दें
दही खात लैनू गिरावत क निकलैं
अ दूधे क मटकी नचावत क निकलैं
ओहर साँप हउवै न जाया गुवालिन
एही रस्ते रस्ते तू आया गुवालिन
कन्हैया क चक्कर न जानैं बेचारी
जवन ऊ कहैं तवन मानैं बेचारी
कन्हैया कन्हैया पुकारल करैलिन
कन्हैया क रस्ता निहारल करैलिन
कन्हैया न लउकैं त गइयन से पूछैं
चिरइयन से पूछैं पतइयन से पूछैं
कन्हैया क हमके पता जे बताई
जमाने से कुट्टी ओही से मिताई

न गेरुवा रँगवलन, न धूनी रमवलन
इहै असली भक्ती क माने बतवलन
गोबरधन उठवलन, अ पानी बचवलन
अ जमुना थहवलन, करिश्मा देखवलन
महारास बन में ऊ अइसन रचवलन
कि बप्पा रे बप्पा सभैं न नचवलन
कहीं हँस के केहुँ क करेजा जुड़वलन
कहीं रो के केहुँ क करेजा दुखवलन
कुरुक्षेत्र में कृष्ण गीता सुनवलन
अ कायर के जोधा बनवलन लड़वलन
खुदै सारथी बनके रन में जितवलन
अ लाखन-करोड़न के मुक्ती दियवलन
कबौं ना बरवलन खटाई मिठाई
ऊँचाई-निचाई छोटाई-बड़ाई

बहुत मीत होइहैं पर अइसन ना होइहैं
अ हमरे कन्हैया के जइसन ना होइहैं
एही रूप पर भइलन परवान केतनी
अ हिन्दू ईसाई मुसलमान केतनी
केहू देख बेसुध केहू देख पागल
इन्हैं देख मीराँ क बैराग जागल
अ रसखान राधा मनावत क देखलैं
दूनों गोड़ मींजत दबावत क देखलैं
इन्हैं सूरदसऊ जनमतै क पवलैं
मिलल भाव मन प्रान आँखी बसवलैं
इहै ग्राह मरलन अ गजराज रखलन
इहै द्रौपदी क गइल लाज रखलन
इहै देहलन ऊधो के अइसन दवाई
जपै लगलन ऊधो कन्हाई कन्हाई

बियाहे क घर

बियाहे क घर हौ भरल हउवै देखा
कहीं कुछ कहीं कुछ परल हउवै देखा
ई पहुनन क खायल चरल हउवै देखा
बिछौना पर बिस्कुट गिरल हउवै देखा

अ चच्चठे चूल्हा बरल हउवै देखा
अ हंडा करहिया चढ़ल हउवै देखा
फलाने के गुस्सा बरल हउवै देखा
अ खर्ची से नानी मरल हउवै देखा

हौ होंठे पर गारी औ नाकी पर गुस्सा
केहू माँगै पूरा केहू माँगै छुट्टा
फलाने क मुँह तमतमायल हौ देखा
जवन चीज माँगै ओरायल हौ देखा

सोचत हउवैं का का मँगावै के होई
दरी दू ठे अउरो लियावै के होई
गलइचो कहीं से लहावै के होई
अ कागज पर अँगुठा सटावै के होई

लगल हउवै कब से बलावा बलावा
तू जा बड़की फूआ खुदै कहिके आवा

बड़ी देर कइलीं दुलारी न अइलीं
पुरुब टोलावाली पियारी न अइलीं

गइतरा सबितरा सुनीता न अइलीं
विनीता पुनीता मनीता न अइलीं
कहाँ गइली सीता, कहाँ गइली सीता
जहाँ गइली ओहिजैं समा गइली सीता

ई घर बड़की फूआ के अढ़वत हौ खाली
फूआ हाली-हाली, फूआ हाली-हाली
हरे बड़की फूआ, हरे बड़की फूआ
कहाँ रक्खी ओखरी कहाँ रक्खी जूआ

एहर बड़की फूआ ओहर बड़की फूआ
बियाहे में जइसे सोहर बड़की फूआ
कढ़ावा कढ़ावा कढ़ा देहली फूआ
अ कामे क लहरा लगा देहली फूआ

अ तोसक अ तकिया जुटावत हौ केहू
अ खटिया-बिछौना लियावत हौ केहू
उठावत को केहू बिछावत हौ केहू
अ दोना अ पत्तल गिनावत हौ केहू

पुजारी क चउचक बनत हउवै गाँजा
अ बाधे क खटिया तड़त हउवैं राजा
नई चूड़ी हउवै बिटोला देखावैं
कलाई पर रख के कलाई बजावैं

देखवही में दू ठे चटक गइलीं चूड़ी
ऊ ओड़िचा सहीतै पटक देहलीं पूड़ी
पप्पू क दुलहिन बड़ी खिलखिलाले
ऊ पप्पू ले बढ़के चुडुक्का बुझाले

देखै लायक हौ बाँके बो क गोराई
दही पर जमल जइसे मोटकी मलाई
धमक पड़लीं तब ले अकेला क माई
अ कोहबर के पूजा में का-का रखाई

फँसल हउवै चउकी फँसल हउवै बेलना
ओसरवै में कहिके बइठ गइलीं मलना
कटत हउवै कोंहड़ा कटत हउवै आलू
छिलत हउवै लेहसुन अकालू सुकालू

जरत हउवै बुनियाँ निकाला निकाला
तिवारी के हौ बड़का पौना मँगाला
एहर छन रहल हौ, ओहर सन रहल हौ
थोड़ी कच्ची-पक्की दुनो बन रहल हौ

कहो के उतरलस ई कच्ची कलौंजी
चुनारवाली भौजी चुनारवाली भौजी
एहर आवा आजी ओसरवै में आवा
हे आजी के बइठै के पीढ़ा लियावा

बइठ गइलीं आजी बटुर गइली दुलही
एहर आरावाली ओहर गाजीपुरही
बिपत पर बिपत हौ कहै लायक नाँहीं
पतोहिया रसोइयाँ छुवै लायक नाँहीं

चलल पाँत खाये बजल ढोल ढब से
गारी गावैवाली जोहत बाटीं कब से
कहाँ टाट हउवै बिछावा-बिछावा
कसोरा कहाँ हौ कसोरा लियावा

तू पत्तल लगावा तू दोना लगावा
तू पानी परोसा तू पुरवा चलावा
कचौड़ी कन्हैया रसेदार गोपी
अ रैता क हँड़िया उठवलैं अलोपी

रसेदार मीठी लगत हउवै भइया
नमक तसमई में हौ दइया रे दइया
मचल कोको लोलो मचल हाबा-डाबा
तबौ ढोल पीटै गुलाबा सिताबा

केहू नेग माँगै केहू ले परोसा
मचल जल्दी-जल्दी भकोसी-भकोसा
बड़ा भाग भउजी क पायल मिलल हौ
बियाहे के घर में हेरायल मिलल हौ

पप्पू क दुलहिन

पप्पू के दुलहिन क चरचा कालोनी के घर-घर में
पप्पू क दुलहिन पप्पू के रक्खै अपने अंडर में
पपुआ इंटर फेल दुलहिया बी.ए. पास हौ भाई जी
पप्पू अस ऊ लद्धड़ नाँहीं एडवान्स हौ भाई जी

कहै ससुर के पापा जी औ कहै सास के मम्मी जी
माई डियर कहै पप्पू के पप्पू कहैं मुसम्मी जी
पप्पू के दुलहिन क नक्शा कालोनी में हाई हौ
ढंग एकर बेढब हौ सबसे, रंग एकर एकजाई हौ

बहू सुरक्षा समिति बनवले हौ अपने कालोनी में
बहुतन के ई सबक सिखवले हौ अपने कालोनी में
कालोनी क कुल दुलहिनियाँ एके प्रेसीडेंट कहैलीं
एकर कहना कुल मानैलीं, एकर कहना तुरत करैलीं

कालोनी क बुढ़वा-बुढ़िया दूरै से परनाम करैलन
भितरैं भीतर सास डरैले भितरैं भीतर ससुर डरैलन
दिन में सूट, रात में मैक्सी, ना घुँघुटा ना अँचरा जी
देख-देख के हँसैं पड़ोसी मिसराइन औ मिसरा जी

अपने एक्को काम न छूवै कुल पपुवै से करवावैले
पपुओ जान गयल हौ काहे माई डियर बलावैले

छूट गइल पप्पू क बीड़ी औ चौराहा छूट गयल
छूट गइल मंडली रात क ही-ही हा-हा छूट गयल

हरदम अपटूडेट रहैले मेकप दूनो जून करे
रोज बिहाने मलै चिरौंजी गाले पर निबुआ रगरै
पप्पू ओके का छेड़िहैं ऊ खुद छेड़ैले पप्पू के
जइसे फेरै पान पनेरिन ऊ फेरैले पप्पू के

पप्पू के जेबा में एक दिन लभलेटर ऊ पाय गइल
लभलेटर ऊ पाय गइल पप्पू क शामत आय गइल
मुँह पर छींटा मार-मार के आधी रात जगावैले
ई लभलेटर केकर हउवै उनहीं से पढ़वावैले

लभलेटर ऊ देखतै पपुआ पहिले त सोकताय गयल
झपकी जइसे फिर से आइल पपुआ उहैं गोताय गयल
मेहर छींटा मारै फिर-फिर पपुआ आँख न खोलत हौ
संकट में कुकुरे क पिल्ला जइसे कूँ-कूँ बोलत हौ

जइसे कत्तौं घाव लगल हौ हाँफत अउर कराहत हौ
इम्तिहान के चिट अस चिठियाँ मुँह में घोंटल चाहत हौ
सहसा हँसल ठठाके पपुआ फिर गुरेर के देखलस
अन्हियारे में एक तीर ऊ खूब साध के मरलस

अच्छा देखा एहर आवा बात सुना तू अइसन हउवै
लभलेटर लीखै क हमरे कालेज में कमटीसन हउवै
हमरो कहना मान मोसमिया रात आज क बीतै दे
सबसे बढ़िया लभलेटर पर पुरस्कार हौ जीतै दे

जेतनै रागी ओतनै डफली

जेतनै रागी ओतनै डफली
राम व्यवस्था कबले बदली

घर-घर में हौ ईहै चर्चा
नौ क लकड़ी नब्बे खर्चा
फिर सबके बेकूफ बनौलैं
झंडा नारा भाषण पर्चा
फिर वइसै तरसावै पानी
फिर वइसै तरसावै बिजली

पानी महँगा, खून हौ सस्ता
चकाचौंध में गायब रस्ता
का छोटका का बड़का देखा
सबही क हौ हालत खस्ता
अपराधी से डरैं सिपाही
सनमुख होतै झाकैं बगली

कोट बिकत फैसला बिकत हौ
गुंडन में अब जिला बिकत हौ
बैपारिन में सउदा जइसे
नेतवन में इंडिया बिकत हौ
असली बस लेबिल हो उप्पर
भित्तर माल भरल हौ नकली

अपने के गरियावैं मिसिरी
कौनो काम न आइल डिगिरी
चौबीस पन्नी तीन पंच में
सोरह पन्नी बड़े चउधिरी
साधू के धुकधुकी लगल हौ
सधुवाइन के आवै मचली

देश में आग लगावैवाले
दुनिया के भरमावैवाले
कल भी रहलैं आज भी हउवैं
उल्लू सभै बनावैवाले
अबना मानब फोरब भंडा
बहुत दिना हम तोपली-ढँकली

जहवाँ गइलीं डाढ़ो रानी
पड़ल पहुँचतै पाथर पानी
झुट्ठा बाबा पैर पुजावैं
मुँह देखैं ग्यानी-बिग्यानी
कोने में रोवत हौ देखा
गान्ही जी क चरखा-तकली

हिप हिप हुर्रा

हिप हिप हुर्रा हिप हिप हुर्रा
हिप हिप हुर्रा
अबकी मारब टोय-टोय के
ना मारब एक सुर्रा

केहु क टूटी पँजरी-पँखुरा
केहु क टूटी मूड़ी
केहु क टूटी नड़िहर-कँड़िहर
डाँक न पइहैं कूड़ी
झरी मोटाई, छूटी भूँसी
उड़ी सड़क पर धुर्रा

अइसन काढ़ा देब कि एदाँ
आई तुरत ओंहाई
जब-जब खोलिहैं आँख चउधिरी
तीनों लोक देखाई
जब तक जीहैं पानी-पानी
अइठन रही न गुर्रा

अइसे नाँहीं काम चलीं अब
जब ले लगी न धक्का
हक्का-बक्का सबै सवारी

जाम भयल हौ चक्का
ए कक्का पंचन से पूछा
टोर्रा चली कि भुर्रा

फिर-फिर चली न तिकड़म कवनो
फिर-फिर चली न झाँसा
टूटल नाँहीं दाँत दूध क
निकलै लगल मुँहासा
कहाँ गइल ऊ अरबी-तड़बी
कहाँ गयल ऊ तुर्रा

केतनी अबकी गया बइठिहैं
केतनी गाय चरइहैं
केतनी फिर-फिर नाँव न लीहैं
गठरी फेंक परइहैं
खुज्झा, फूलझरी महताबी,
बान पड़ाका मुर्रा

तुलसीदास

हम त बस एतनै जानीला तुलसीदास के बारे में
दिया देखावैं, राह बतावैं, आन्हीं में अन्हियारे में
हमरे दुख में सुख में तुलसी सच्चों बड़ा सहायक हउवैं
तुलसी घर क जोधा हउवैं, तुलसी घर क नायक हउवैं

हमरे कुल कमवैं में तुलसी बढ़के हाथ बँटावैवाला
अइसे नाँहीं अइसे-अइसे रस्ता हमैं देखावैवाला
अनुशासन में रहै सिखावै तुलसी क कविताई हमके
ऊ हम्मै जेतना पतियाले का केहू पतियाई हमके

तुलसी क कविता सच्चो में जीवन के भरपूर करैले
ऊहै पत पानी रक्खैले ऊहै संकट दूर करैले
तुलसी के हम नीक तरह से जानीला पहिचानीला
तुलसी पर अभिमान करीला, पूजीला हम मानीला

एक त मुरहा, दुसरे टूअर, तिसरे पक्का टेकी तुलसी
जेहि दिन छोड़लस साथ गिरस्ती, भइलैं सन्त बिबेकी तुलसी
रामकथा क गंगा लेके तुलसी चलैं भगीरथ जइसे
परग-परग पर उत्सव मेला, परग-परग पर तीरथ जइसे

चप्पा-चप्पा अलख जगवलैं रामकथा पहुँचवलैं तुलसी
कोने-अँतरे जोत जरवलैं घर-घर भूत भगवलैं तुलसी

राम से ज्यादा बन-बन तुलसी राम के खातिर भटकल हउवैं
केसे पूछैं के बतलावै चौडगरा में अटकल हउवैं

रामों कठिन परीच्छा लिहलैं तब तुलसी के दरसन दिहलैं
अपने के पहिचानै खातिर मन क निरमल दरपन दिहलैं
खुद से लोहा लिहले हउवैं खुद से शर्त लगवले हउवैं
का केहु ओतनी कष्ट उठाई जेतनी कष्ट उठवले हउवैं

माँग के खइलैं जात न पुछलैं मसजिद में सुत गइलैं तुलसी
जहवाँ राम देखइलैं उनके बस ओहिजैं रुक गइलैं तुलसी
तुलसी जहाँ रहैलन सच्चों जंगल में मंगल कै देलन
झरना नदी नियर सन्नाटा लहर-लहर कल-कल कै देलन

टूटल जोड़ले हउवैं तुलसी, फाटल सियले हउवैं तुलसी
दुनिया क दुख अपने भीतर बइसैं जियले हउवैं तुलसी
तुलसी हमरे तीज परब में नहछू अउर नहावन में
साथे-साथे जरैं जेठ में, साथे भींजैं सावन में

घरे-दुआरे कोट-कचहरी तुलसी खेत-कियारी में
रामकथा क न्यौता बाटैं तुलसी महुआबारी में
तुलसी हमरे साथ दरी पर बइठैलन बतियावैलन
जहाँ कहीं अटकैंले गाड़ी तुलसी हाथ लगावैलन

तुलसी हमैं भरोसा साहस हिम्मत अउर सहारा देलन
जब जब सूखै होंठ कि तुलसी मुँह पर रसकै धारा देलन
का सावन का फागुन तुलसी राम के रंग. रँगायल हउवैं
हमरे-तोहरे इनके-उनके सबके बीच समायल हउवैं

संकटमोचन दिहले हउवैं सेवा क जिमदारी देखा
तुलसी क घर अँगना देखा, देखा पान-सोपारी देखा
राम भरोसे पर्वत पर हौ तुलसी क फुलवारी देखा
तुलसी घोड़ा बेच के सूतैं, राम करैं रखवारी देखा

कूट-कूट के विनय भरल हौ, विनय पत्रिका पढ़ै ते जानै
कविता क मर्मज्ञ उहै जे तुलसी क मानस पहिचानै
तुलसी के मानस में हरदम रामकथा लहरात रहैले
रामकथा के छाँहे-छाँहे भक्ती गोता खात रहैले

नाभादास नियर जे देखी ओके साफ देखइहैं तुलसी
दूसर केहू नाँहीं खाली बालैमीक जनइहैं तुलसी
अकबर के मीराँ रहीम के तुलसी राम देखवले हउवैं
तुलसी आगे फादर कामिल बुल्के माथ झुकवले हउवैं

तुलसी क का करीं बड़ाई तुलसी एक न दूसर भाई
घर-घर तुलसी बनल रहै औ बनल रहै ई राम दोहाई
तुलसी के बल राम क हउवै तुलसी केहु से डरिहैं नाँहीं
जब तक रामकथा हो जग में तब तक तुलसी मरिहैं नाँहीं

हमार देसवा सारी दुनिया से आला

हमार देसवा सारी दुनिया से आला
ई सबसे अनोखा ई सबसे निराला

राग रंग नाच गीत बरहो महीना
मुँह चूमै बार-बार माथ क पसीना
मुँह देखै खातिर के ऐना अगुताला

मह-मह-मह अमराई खेत गमगमाला
गूँजैला झरना सिवान गुनगुनाला
धूप में सोन्हाला ई छाँह में जुड़ाला

ताल खिलखिलाला पहाड़ खिलखिलाला
खेत में कछार में पियार खिलखिलाला
अँगना में सोरहो सिंगार खिलखिलाला

ना बीछै ऊँच-नीच जात न बरावै
सबही के अपने गरे से लगावै
इहै सारे धरमन क पलना कहाला

फगुनवाँ सोहाय नाँहीं सजनी

भइलै परदेसिया सजनवाँ
फगुनवाँ सोहाय नाँहीं सजनी

खेते-खेते सरसो मटर गदराइल
जइसे कवनों चढ़ली उमिर गदुवाइल
खींचि बान मारैला पवनवाँ
फगुनवाँ सोहाय नाँहीं सजनी

जब से गइल पिया कजरो ना परली
लटि गइलीं केसिया न चुड़िया पहिरली
खनके न कबहूँ कँगनवाँ,
फगुनवाँ सोहाय नाँहीं सजनी

अँचरा पकड़ि खींचे मुरही बयरिया
उड़ि-उड़ि जाय मोरे माथे से चुनरिया
रहि-रहि कसके परनवाँ
फगुनवाँ सोहाय नाँहीं सजनी

जब-जब सुधिया हो आवै तोरी छलिया
बोलिया बोलैली सब सखिया-सहेलिया
भरि-भरि आवैला नयनवाँ,
फगुनवाँ सोहाय नाँहीं सजनी

पिया के निहारै गोरी

पिया के निहारै गोरी घुँघुटा उठाय के
तनी मुसुकाय तनी होंठवा दबाय के

पुजली सुरुजवा कि मनली पियरिया
तुलसी के देली जल भरि के अँजुरिया
रखिहा हमार पिया नेहिया जोगाय के

साथे-साथे, खेते-खरिहनवाँ में रहबै
रहबै सवनवाँ फगुनवाँ में रहबै
अँगना दुआर धइ देबै चमकाय के

गरजै बदरवा कि चमकै बिजुरिया
भूलै नाँहीं घरवा क पतरी डगरिया
देहरी अगोरै मन दियना जरायके

तोहईं से हउवै पिया हरियरिया
तोहईं से हउवै मोरी सगुनी चुनरिया
छोड़िहा न हमैं बिरहिनियाँ बनायके

नेहिया काहे तू लगवला

नेहिया काहे तू लगवला परदेसी बबुआ
गड़ै हथवा में मुनरी, गोड़े में बिछुआ

नेहिया लगवला बउरहिया बनवला
मीठी-मीठी बतिया से मनवाँ लोभवला
मरला मतिया हमार तू चलवला जदुआ

फुलवा, भँवरवा, तितिलिया देखवला
तोहईं पढ़वला कुल तोहईं सिखवला
हम्मै तोहईं सुँघवला फुलल महुआ

कवने सइतिया बनवला दुलहिनियाँ
सखिया सहेलिया कहैलीं बिरहिनियाँ
नाँहीं भावै कजरी, न भावै फगुआ

खेलै भउजी से फगुनवाँ ननद लहुरी

खेलै भउजी से फगुनवाँ ननद लहुरी
मारे रँग क मेहनवाँ ननद लहुरी

चुटकी काटै, करै चिकारी,
लाल गुलाल लगावै
दिन दिन भर दउरावै हँसि-हँसि
सौ-सौ नाच नचावै
उलटे देले ओरहनवाँ ननद लहुरी

कवनो काम न धन्धा खाली,
बइठल मउज उड़ावै
भउजी-भउजी रटै बराबर
हरदम हुकुम चलावै
नाँहीं मानैले कहनवाँ ननद लहुरी

टिकुली माँगै झुलनी माँगै
माँगै लहँगा चोली
मेहँदी माँगै लाली माँगै
माँगै काजर रोली
माँगै गाले क गोदनवाँ ननद लहुरी

भउजी चाउर बीनै बइठै
चाउर बिनै न देले
मुँह पर सोझै पानी मारै
भागै थरिया लेले
छीनै हाथे क बेलनवाँ ननद लहुरी

जेहर-जेहर भउजी जाले
ओहर ओहर जाले
भउजी के संग सूतै बइठै
भउजी के संग खाले
जाई कब ले गवनवाँ ननद लहुरी

फगुनवाँ में गोइयाँ

फगुनवाँ में गोइयाँ ईहै कुल होला

अमवाँ में लगलैं टिकोरवा ए सखिया कि
लगलीं परसवा में आग,
कुसुमी के फुलवा में रँगली चुनरिया कि
पड़लीं चुनरिया में दाग
सेजरिया पे रेंगैला साँप क सँपोला

पीयर-पीयर सरसोइयवा क खेतवा कि
लहरै बगलिया में ताल,
झम-झम बाजै अरहरिया क छेमिया कि
मनवाँ क पूछा जिन हाल,
अ देखत बनैला सिवाने क चोला

मह-मह महकै महुववा क बरिया कि
मह-मह महकै पिरीत
झुर-झुर झुरकैंले फगुनी बयरिया कि
गूँजैला सिवनवाँ में गीत
धराइल बा गलती, हँसै टोली टोला

अँखिया में अँखिया समाइल ए सखिया कि
निदिया हिरन भइलीं भोर

मनवाँ से मनवाँ मिलावै बेईमनवाँ कि
छोड़ै ना अँचरवा क कोर
लड़िकइयाँ क हमरे पियार मुँहबोला

आधी आधी रतिया में बोलै कोइलरिया कि
बिहरै करेजवा हमार
एही पार जागै बिरहिनिया जोगिनिया कि
जोगिया बसैला ओही पार
अइसे में जइसे छू जाला फफोला

सइयाँ परदेसवा में छाये

हमैं न सवनवाँ सोहाय हो,
सइयाँ परदेसवा में छाये,
हारि गइली चिठिया पठाय हो
सइयाँ परदेसवा में छाये

गरजै बदरवा कि चमकैं बिजुरिया
नाँहीं भावै तीज हमैं भावै ना कजरिया
रहि-रहि जिया अगियाय हो
सइयाँ परदेसवा में छाये

बनवाँ में मोर बोलै बिहरै करेजवा
पिया बेईमान नाँहीं भेजैला सनेसवा
गोइयाँ नाँहीं बिरहा सहाय हो
सइयाँ परदेसवा में छाये

नाँहीं जानै राम मोर साध कब पूरी
होई आँख चार मिटि जाई कुल दूरी
मेहँदी क फूल गभुराय हो
सइयाँ परदेसवा में छाये

ई बदरवा गोइयाँ

हमसे रोज करैला रार ई बदरवा गोइयाँ
मारै मुँहवें पर बौछार ई बदरवा गोइयाँ

आव न देखै ताव न देखै
जून-कुजून न जानै
अदबदाय के करै बोलौनी
अन्हें झगरा फानै,
हमके भेवै धारोधार ई बदरवा गोइयाँ

हमरे मन क पीर न जानै
ना ई जरन बुतावै
उमड़-घुमड़ के आवै पाजी
खाली जिउ डरवावै
अपने आदत से लाचार ई बदरवा गोइयाँ

झरर-झरर झर, झरझर-झरझर
बरसै मुरहा पानी
कवनो करवट नींद न आवै
चूवै छप्पर छानी
जइसे पहिले क जिमदार ई बदरवा गोइयाँ

चलू-चलू रे सहेलिया

चलू-चलू रे सहेलिया पढ़ाई करींजा
बिद्या माई, बिद्या माई, बिद्या माई करींजा

पढ़-लिख लेईं फिर सबके पढ़ाईं
मिल-जुल देसवा के अगवाँ बढ़ाईं
आवै हरदम काम ऊ कमाई करींजा

खेत-खरिहान घर-अँगना सँवारीं
जहाँ अन्हियार उहाँ बिजुली उतारीं
केहू पिछड़ै ना पावै अगुवाई करींजा

दुखवा भगाईं ई गरीबिया भगाईं
उसरे में चला हरियरिया उगाईं
अब रोग में ओझाई ना, दवाई करींजा

बेदवा निहारीं इतिहसवा निहारीं
रचि-रचि जिनगी क रहिया सुधारीं
लेके हथवा कलमियाँ लिखाई करींजा

चिरई तोहके लैके ना

पुरुष स्वर : सहबै भुखिया-पियसिया
दुखवा ढोइबै बरहोमसिया
चिरई तोहके लैके ना, छइबै उँचवा पर मड़इया
चिरई तोहके लैके ना

स्त्री स्वर : सहबै सिगरी बिपतिया
रखबै तोहरी इजतिया
रजऊ तोहके लैके ना, छोड़बै माई औ बपइया
रजऊ तोहके लैके ना

पुरुष स्वर : छुटिहैं घरवा-दुअरवा
होइहैं रहिया पहड़वा
कुल जुलुमवाँ सहबै ना, अबत रहबै सँगवाँ-सँगवाँ
कुल जुलुमवाँ सहबै ना

दिनवाँ तोरबै पथरवा
रतियाँ गुहबै गजरवा
चिरई तोहके लैके ना, कटबै हँस के हम समइया
चिरई तोहके लैके ना

स्त्री स्वर : रखबै अँखिया के छहियाँ
तकिया होइहैं मोरी बहियाँ

हम पसीनवाँ पोंछबै ना, होइहैं अँचरा मोर पोंछनवाँ
हम पसीनवाँ पोंछबै ना

हमरे मनवा क मुरतिया
बाँकी तोहरी सुरतिया
रजऊ तोहके लैके ना, नचबै-गइबै ताता थइया
रजऊ तोहके लैके ना

पुरुष स्वर : निचवाँ फुलवा बिछइबै,
उपराँ पनवाँ ओढ़इबै
हम जोगइबै तोहके ना, जइसे जोगवै पियरवा
हम जोगइबै तोहके ना

तोहईं अँखिया क सपनवाँ
तोहईं जिनगी परनवाँ
चिरई तोहके लैके ना, होबै कुँवर कन्हैया
चिरई तोहके लैके ना

स्त्री स्वर : सूना-सूना मोर सजनवाँ
खटबै बरहों महीनवाँ
मेहनतिया करबै ना, सँगवाँ-सँगवाँ रतिया-दिनवाँ
मेहनतिया करबै ना

नाँहीं छूटी ई पिरितिया
ईहै गितिया संगितिया
रजऊ तोहके लैके ना, खेइबै जिनगी क नइया
रजऊ तोहके लैके ना

जिनिगिया लहर-लहर लहराय

जिनिगिया लहर-लहर लहराय,
आँख न ठहरै रूप के आगे
रूप देख बिछलाय

खेत भरल खरिहान भरल हौ
भरल-भरल हौ अँगना
नई-नई हौ देह सुहागिन
नया-नया हौ कँगना
रितु आवै रितु जाय, टहनिया
सौ-सौ झोंका खाय

अगले-बगले रस कै झरना
गूँजै मधुर बसुरिया
झिर-झिर झिर-झिर बहै बयरिया
फर-फर उड़ै चुनरिया
घर-घर बोलै धार दूध कै
देख जिया हरसाय

मह-मह महकैं बाग-बगइचा
चमकैं ताल-तलैया

फुलवरिया में तितली-भौंरा
नाचैं ताता थैया
घूँघुट काढ़ दुलहिया निरखै
सुख ना कहीं समाय

घर ना मोर सँवरिया बा

रिमझिम बरसै बदरा
चारो ओर अन्हरिया बा
घर ना मोर सँवरिया बा ना

बरसै जोर-जोर से पानी
दूनो जून चलै ओरवानी
छानी-छप्पर चूवै
भीजत मोर सेजरिया बा
घर ना मोर सँवरिया बा ना

बिजुरी चमकि-चमकि डेरवावै
पुरवा रहि-रहि दिया बुतावै
थर-थर काँपै जियरा
बारी मोर उमिरिया बा
घर ना मोर सँवरिया बा ना

मारैं सखी-सहेली ताना
माना चाहे तू मत माना
झलुवा हमैं न भावै
सइयाँ जहर कजरिया बा
घर ना मोर सँवरिया बा ना

स्याम बँसिया बजवलैं

स्याम बँसिया बजवलैं जवने रतिया
कुल छोड़-छाड़ भगलीं घरे से सखिया

सास नाँहीं देखलीं ससुर नाँहीं देखलीं
जेठ नाँहीं देखलीं देवर नाँहीं देखलीं
देखलीं न पियवा, भुलइलीं खटिया

रूप नाँहीं सजलीं, सिंगार नाँहीं कइलीं
ऐना से आँख चार-चार नाँहीं कइलीं
नाँहीं देखलीं ई, कहवाँ सटल बिंदिया

हार नाँहीं खोजलीं, हुमेल नाँहीं खोजलीं
खोजलीं ना अँतर, फुलेल नाँहीं खोजलीं
सब भगलीं तोड़ाय के गरे क फँसिया

सबही के स्याम अँकवरिया में लउकैं
राधा के त दुनहूँ पुतरिया में लउकैं
मोर रखिहा इजतिया कटै ना बतिया

हमरे देसवा क दुनिया में

नाँहीं मिली ई बयार
खुलल अँगना-दुआर
अइसन देसवा ए भइया कवनो ओर ना मिली
हमरे देसवा क दुनिया में जोड़ ना मिली

हमरे घर में बन्द नजरिया खोलै वाले हउवन
बीसन भाषा-बीसन बोली बोलै वाले हउवन
रमता जोगी बहता पानी डोलै वाले हउवन
फागुन में रँग बड़े चाव से घोलै वाले हउवन
नाँहीं मिली ई बहार
छेड़ै बँसुरी कछार
मिली सगरो चनरमा ई चकोर ना मिली

हमरे घर में आगे बढ़के हाथ बँटावल जाला
जब-जब आवै आँच आन पर माथ कटावल जाला
सच के साथे रहै हमेशा इहै सिखावल जाला
देह क लाज बचावल जाले नेह लगावत जाला
रोज-रोज तिहुवार
लागै मेलवा हजार
नाँहीं मिली अइसन दीया ई अँजोर ना मिली

हमरे घर में सन्त औलिया गौतम गान्ही देखा
पक्की से हौ सटल प्रेम से छप्पर-छान्ही देखा
तुलसी क, नानक कबीर क राम कहानी देखा
बलि क गहिरी छाप पड़ल हौ घर-घर दानी देखा
जइसे रसवा क धार
मुँहवाँ चूमै बार-बार
राधा-कान्हा क ई जोड़ी साँवर-गोर ना मिली

तोहरी पिरितिया

तोहरी पिरितिया बदरवा क छाहीं
तनिकैं में हाँ पिया तनिकैं में नाँहीं

छिटकै किरिनियाँ अमोलवा के माथे
उड़ि-उड़ि चिरई लोकैलीं हाथे-हाथे
मुरही पुतरिया लिखैले गलबाहीं

झुर-झुर सिहरै पिपरवा क पाती
जोगवै बयरिया उमिर अहिवाती
रतिया में चोर, पिया दिनवाँ सिपाही

नई-नई चुनरी सनेहिया क पानी
पहिली पिरितिया क पहिली निशानी
सुगना क ठोर, पिया केतनी सराही

कल-कल नदिया लहर किलकारी
बिजुरी क डार पिया देहिया हमारी
छल-छल लजिया क छलके सुराही

आगे-आगे रहिया

आगे-आगे रहिया बनाये चला भाई
पिछड़े के सथवाँ लियाये चला भाई

भइलैं विकास चारो ओरियाँ निहारा
खेतवा सँवारा फुलवरिया सँवारा
हथवा से हथवा मिलाये चला भाई

लहरे सिवनवाँ नहरिया क पानी
हमहूँ करब अब जम के किसानी
कुल नयका तरीकवा बताये चला भाई

केहू नाँहीं भागी सब करिहैं पढ़ाई
केहू नाँहीं कगदे पर अँगुठा लगाई
सभै इसकूल पहुँचाये चला भाई

घुरहू मुराहू पबितरिया सितबिया
जोड़िहैं हिसाब सब पढ़िहैं कितबिया
घरे-घरे अलख जगाये चला भाई

बाबू कुंवर सिंह

बाबू कुँवर सिंह, बाबू कुँवर सिंह, बाबू कुँवर सिंह हो
दुनिया भर में कइला देश क अपने नाँव बाबू कुँवर सिंह हो

आजादी क राग कढ़वला
देश-जाति क मान बढ़वला
मार पीट के खेद-खाद के
अँगरेजवन के दूर भगवला
नाँहीं सोचला मन में तनिको दाहिन-बाँव, बाबू कुंवर सिंह हो

रखला लाज बचवला पानी
दिहला तू असली कुरबानी
देह-प्रान कै मोह ना कइला
तू रहला असली बलिदानी
तोहरे बल-पौरुख क कहनी गावै गाँव-गिराँव, बाबू कुंवर सिंह हो

सुतला ना सुसतइला ना
सुख से कतौं छँहइला ना
शेर नियर तू आगे-आगे
घाव पीठ पर खइला ना
ओहरै तू मैदान बनवला, जेहर बढ़वला पाँव, बाबू कुंवर सिंह हो

देश के खातिर जियला-मरला
कहीं न बाबू हिम्मत हरला
भोजपुरियन क मान बढ़वला
डूबत नइया तोहीं उबरला
अँगरेजवन के मार बिछवला बक्सर से डुमराँव, बाबू कुँवर सिंह हो

बाबा घरे उठिहैं

बाबा घरे उठिहैं हरदिया हो रामा
अबकी चइतवा

बाबा जुड़इहैं जइसे छाँहे क इनरवा
माई जुड़ाई जइसे नदिया हो रामा
अबकी चइतवा

केहू के नावें मोरी देहिया लिखाई
सभवा में कटिहैं रसिदिया हो रामा
अबकी चइतवा

छुटि जइहैं बाबा सब घरवा-दुअरवा
छुटि जइहैं केवड़ा-मेहँदिया हो रामा
अबकी चइतवा

ससुई सरेखी कुछ देवरा सरेखी
उनहूँ ले ढेर ननदिया हो रामा
अबकी चइतवा

देहलू जिनिगिया मइया

देहलू जिनिगिया मइया देहलू सेन्हुरवा
मोर अँचरवा भरतू ना
दे के गोदिया में ललनवाँ, मोर अँचरवा भरतू ना

सखिया सहेलिया सब भइलीं लरकोरिया
हमरी ओरिया देखा ना
बीतल जाले मोर उमिरिया, हमरी ओरिया देखा ना
मइया बाँटा उजियरवा,
काटा मोर अन्हियरवा
उपकरवा करतू ना, दे के गोदिया में ललनवाँ
उपकरवा करतू ना

बाटै एतनी अरजिया मइया राखा मोरी लजिया
ई बिपतिया काटा ना,
जागै हमरो किसमतिया ई बिपतिया काटा ना,
लेके अइली हम असरवा
माई तोहरे किनरवा
मोर सहरवा बनतू ना, देके गोदिया में ललनवाँ
मोर सहरवा बनतू ना

करबै जिनगीभर पुजनवाँ, करबै रोज दरसनवाँ
अरमनवाँ पूरा हो,
मइया माँगीला मँगनवाँ अरमनवाँ पूरा हो
मारै मेहना जेठनिया
बोलै ससुई बझिनिया
मोर बेदनवाँ हरतू ना दे के गोदिया में ललनवाँ
मोर बेदनवाँ हरतू ना

चान हँसल अँजुरी में

चान हँसल अँजुरी में।
एक लहर अँगना में दउर गइल
के छुवलस मन जइसे बउर गइल
अँखियन के जोत मिलल
ओंठवन पर गीत खिलल
रस बरसल धार-धार
बेला के पँखुरी में

जिउ जइसे हरियर कचनार भइल
सपना में फुलवन क हार भइल
किरिन-किरिन मुसकाइल
साँस-साँस अकुलाइल
सूतल सुर जाग उठल
बैरागी बँसुरी में

पुरइन क पात-पात सिहर गइल
ताल बीच पुरवइया लहर गइल
चिरइन क सोर भइल
ढेर सा अँजोर भइल
दिन बीतल गुइयाँ फिर
अँझुराइल रसरी में

अहकैला परदेसी महकैला फाग रे

अहकैला परदेसी
महकैला फाग रे।
भाग चलू, भाग चलू, भाग चलू, भाग रे

महुआ क फूल चुवै, आम क टिकोरा
कोहबर क गीत रचै, काठ क सिन्होरा
जागैले कोइलरिया
धधकैले आग रे

लाल क, गुलाल क, अबीर क, बुलौवा
रोज-रोज दे जाला नान्ह क, सुगौवा
बीन्हैले फगुनइया
फूटैला राग रे

संझा जब खेलै ले चान से तलैया
झूलै गुलमोहर के डाल से जुन्हैया
हमरो जिउ हो जाला
मनिहारा नाग रे

करेजा बरै लगल

फरै लगल हौ आम कि
महुआ झरै लगल,
किस्मत में परदेस
करेजा बरै लगल

देहले होई चइती बैना घरे-घरे
झंखत होइहैं गंगा गौरी नीब तरे
भरै लगल हौ आँख कि
पानी मरै लगल
साँसै साँस सनेस
करेजा बरै लगल

खरिहाने में धौरा, धौरी खेत में
सबसे बड़ा अभागा हिरना रेत में
जरै लगल हौ गोड़ कि
लावा परै लगल
पग-पग पर उपदेस
करेजा बरै लगल

पैंड़ा छोड़ दुपहरी हाँफै छाँह में
कइसे काटीं, नाँव लिखल हौ बाँह में

डरै लगल जिउ, हाथ
माथ पर धरै लगल
लगै ठेस पर ठेस
करेजा बरै लगल

अब ना पिछड़ी गाँव हमार

अब ना पिछड़ी गाँव हमार
देखा हरदम हौ तैयार
कोने-कोने किलकारी औ पढ़ाई गूँजे ना
बिद्या माई, बिद्या माई, बिद्या माई गूँजै ना

साफ-सफाई, रहन-सहन में
खान-पान में लउकैं
बजै दूध क धार दुआरे
मन बछरू अस छउकैं
रोजै मेला औ तिहुवार
सोहै अँगना-दुआर
गूँजै ढबढब ढोल, शहनाई गूँजै ना

अपने-अपने काम-धाम में
सबही जुटल निहारा,
लइकी-लइका साथ बइठ के
लीखैं-पढ़ैं पहाड़ा
गम-गम गमकै खेत कछार
चारो ओरी हौ बहार
हौले-हौले पुरवाई अमराई गूँजै ना

पढ़ल-लिखल हौ गाँव, गाँव क
नक्शा देखा भाई
इस्कूल जात हौ लदल-लदल ई
रेक्सा देखा भाई
तितली-भौंरा पंख पसार
सगरो करैं मधुर गुंजार
जइसे बरहो महीना हौ जुलाई गूँजै ना

बदरऊ पानी दा

पानी दा एह साल, बदरऊ पानी दा
भरै ताल कै गाल, बदरऊ पानी दा

बोलै ना मुँह खोलै मकई नई-नई
पेट में लेहले बाल, बदरऊ पानी दा

धान से पूछा पान से पूछा, पूछा घड़ी-घड़ी
जे माँगै ततकाल, बदरऊ पानी दा

परै न टूटी, बुझै न चूल्हा महँगी में
खिलै भात पर दाल, बदरऊ पानी दा

का पहिरीं का पोछीं भयवा देखा ना
जरै लगल तिरपाल, बदरऊ पानी दा

गोली चलै न, लाठी निकलै खेते में
होय ना भुइयाँ लाल, बदरऊ पानी दा

तोहैं देख सब फोरै गगरी घरे-घरे
का कहीं गाँव क हाल, बदरऊ पानी दा

राम करैं तू बनल रहा हम बनल रहीं
ई बनल रहै चउपाल, बदरऊ पानी दा

ए बदरू तू पानी बरसा

ए बदरू तू पानी बरसा हमरे खेत-कियारी में
गाँव-गली में बरसा, बदरू बरसा तू बँसवारी में
पाथर पिघलै, झरना निकलै हर-हर हर-हर गूँजै हो
तू दुनिया क भला करैला दुनिया तोहैं पूजै हो

किसमिस, गरी, चिरौंजी बरसा, पान छोहारा, बरसा तू
पड़ै जान में जान दुबारा, अमिरित धारा बरसा तू
छइलै फइलै खूब हरियरी, अबकी खेती-बारी में
हचकत बहँगी तीज पठाईं, बिटिया के ससुरारी में

फूटै बाल, पसीना महकै, सोना उपजै माटी में
जेतनीं चाहीं घीव सोखाईं सतुआवाली बाटी में
जोड़ा धानी चूनर देईं बेटवा के महतारी के
हँसिके अगवढ़ मुँह पर मारीं बाकी मालगुजारी के

ना अब रहै महाजन मूँड़े ना हम मरी उधारी में
ना अँगना में फुटै दुआरी ना डँड़वार ओसारी में
लड़ै न गगरी, घटै न रसरी, अबकी साल इनारे में
फिर मचान से लहरा लेईं गाईं गीत कछारे में

सारस मोर पपीहा बोलैं बोल-बोल पर बेधैं ना
सूजा लेके, बरछी लेके, कहीं करेजा छेदैं ना

झलुवा लहसै, कजरी हुलसै, सुख बरसै, दधिकाँदो में
हवा न झोंकै धूर आँख में, अबकी सावन-भादों में

बाबू-माई से तीरथ कै अबकी पक्का वादा हउवै
फेर दूसर का करीं इरादा ईहै वादा ज्यादा हउवै
एक्कै हमरे धन्धा बदरू एक्कै हमरे छाता हो
एहू में जिन कमी कर्‌या तू बनल रहै ई नाता हो

आजी आज बड़ी गुस्सा हौ बरस रहल हौ माई पर
पूजाघर में जरतै कण्डी धइलस दियासलाई पर
अँइठ गइल हौ बड़की खटिया धइलै धइल दलानी में
बाप रे केतनी जादू-टोना एह असाढ़ के पानी में

टेढ़े-मेढ़े रस्ता देखा

टेढ़े-मेढ़े रस्ता देखा पानी ऊँचे-खाले जी
राम क दुलहिन घूँघुट कढ़ले ताल नहाये जाले जी

धान पान लहराला सगरो लहर बहर जिउ होला हो
काम के आगे मुँह जिन देखा गुड़ क कुंडा खोला हो
छान्ही चूवै, महतो सोचैं, हाथ टिकौले गाले जी

करिया-करिया जामुन टूटै, टपकै नीब-निबौरी हो
फिर-फिर रगरैं पीठ बिकानू, उप्फर परै अम्हौरी हो
कहै बसहटी हम असाढ़ में परली केकरे पाले जी

केहू खेलै खेल कबड्डी, केहू सरपट सत्तू हो
हरिया खेलै होला पाती, गारी दें खरपत्तू हो
जब देखा तब घर से गायब काम लगल हौ ताले जी

जब-जब आवै भरल बदरिया सट-सट के बतियावै हो
बूँदै बूँद जियावै सबके फूलै फूल उगावै हो
सोझै मुँह पर पानी मारै पीठ फेर मुस्काले जी

केहू जाला नइहर-सासुर केहू हाट-बजारे हो
संगे-संगे दिनभर केहू भींजै खेत-कछारे हो
अदबदाय के रोज कजरिया बिरहा से टकराले जी

देखा-देखा आँख खोल के

देखा-देखा आँख खोल के देखा तनी किसानी देखा
उसरे में ले रहल कलइया, चउचक फसल सयानी देखा

ना जादू ना मन्तर हौ ई ना हौ टोना-टोटका
एकजाई रौनक हौ घर-घर का बड़का का छोटका
अँतर भइल हौ खेत कि गमकै सबकर खून-पसीना
बरगद के पीढ़ा पर बइठल जमके आज पुदीना
बड़े भाग से दिन लौटल हौ दहिने भइल भवानी देखा
आय रहल हौ गाँव में पक्की जात हौ छप्पर-छानी देखा

सिर से उतरल बोझ कि उतरल पेवना हमरे तन से
जनम-जनम क गयल तगादा जान बचल ओरहन से
हर बरदा घर आपन भइलैं आपन पानी दाना
आपन पैंड़ा आपन मंजिल आपन देस-जमाना
अयनों से सुग्घर मुँह जेकर अइसन पक्का पानी देखा
भउजी त भउजी हौ हमरे भउजी क देवरानी देखा

बजै दूध कै धार दुआरे, घर में चूड़ी कँगना
फूले के थरिया अस चमकै का पूछै के अँगना
ठुमुक-ठुमुक गौरइया डोलै, डोलै पूत बकइयाँ
दउर-दउर परछाईं पकरै बलि-बलि जायँ गोसइयाँ

छल-छल छलकैं भरल कमोरी तैरै लगल मथानी देखा
देह चमाचम शीशा जइसे साँचा ढरल जवानी देखा

जेहर देखा ओहर हरियरी का गोंइड़ा का पाही
चारो ओरी राम राज हौ अब आखिर का चाही
घर-दुआर कुल चिक्कन-चिक्कन चउरस चाकर रस्ता
उदय भयल हौ नया-मदरसा, अच्छर, पोथी बस्ता
नई सुबह हौ नई प्रभाती, नई-नई अगवानी देखा
नया-नया सन्देस देत हौ जुग क नई कहानी देखा

खेलै दा हमैं फगुआ

खेलै दा हमैं फगुआ छोड़ा सवत दुआरी
एहिजाँ का हऊ बइठल जाके रोवा अँटारी

टेढ़े भ चाहे सोझे कइसों तू माँग काढ़ा
अब ना चली गँड़ासा, अब ना चली कटारी

मारे कुफुत के छाती हरदम बरल करैले
जानै के साथ जाई बूढ़ा क ई बेमारी

अइसन तोहार गुस्सा उनहूँ क घर छोड़वलू
हमरों खराब कइलू फगुआ दिया देवारी

बेटवा क एहर बरही ओहर ससुर क तेरही
कइसे भला दियाई एह साल मलगुजारी

आठों पहर क रगरा चौबिस घरी क झंझट
टोला परोस अइसन घर में धिया कुँवारी

कवने सउख के मारे पंडित के भेज देहलू
बिहनै से देह आधी अब के नजर उतारी

✿✿✿